www.ingramcontent.com/pod-product-compliance
Lightning Source LLC
LaVergne TN
LVHW010315070526
838199LV00065B/5569
9789369085408

طیورِ آوارہ

اخترشیرانی

جمع و ترتیب: فاتح الدین بشیر، اعجاز عبید

© Taemeer Publications LLC

Tuyoor-e-Aawara *(Ghazals and Geet)*

by: Akhtar Sheerani

Edition: May '2025

Publisher :

Taemeer Publications LLC (Michigan, USA / Hyderabad, India)

ISBN 978-93-6908-540-8

مصنف یاناشر کی پیشگی اجازت کے بغیر اس کتاب کا کوئی بھی حصہ کسی بھی شکل میں بشمول ویب سائٹ پر اَپ لوڈنگ کے لیے استعمال نہ کیا جائے۔ نیز اس کتاب پر کسی بھی قسم کے تنازع کو نمٹانے کا اختیار صرف حیدرآباد (تلنگانہ) کی عدلیہ کو ہوگا۔

© تعمیر پبلی کیشنز

کتاب	:	**طیورِ آوارہ** (غزلیں اور گیت)
مصنف	:	**اختر شیرانی**
صنف	:	شاعری
ناشر	:	تعمیر پبلی کیشنز (حیدرآباد، انڈیا)
سالِ اشاعت	:	۲۰۲۵ء
صفحات	:	۲۴۶
سرورق ڈیزائن	:	تعمیر ویب ڈیزائن

فہرس

جلوہ آنکھوں پہ چھا گیا کس کا؟ 9
شب کو پہلو میں جو وہ ماہِ سیہ پوش آیا 12
دل و دماغ کو رو لُوں گا، آہ کر لوں گا 14
مستانہ پیے جا، یونہی مستانہ پیے جا 17
دلِ شکستہ، حریفِ شباب ہو نہ سکا 19
دلِ مہجور کو تسکین کا ساماں نہ ملا 22
بے وفا کو عبث اِلزامِ جفا دینا تھا 25
دل میں خیالِ نرگسِ جانانہ آ گیا 26
جھوم کر اُٹھی ہے پھر کہسار سے کالی گھٹا 27
وعدہ، اُس ماہ رُو کے آنے کا 29
آرزو، وصل کی، رکھتی ہے پریشاں کیا کیا 32

1

34	حزیں ہے، بیکس و رنجور ہے دل
36	تازہ بہ تازہ، نو بہ نو، جلوہ بہ جلوہ، چھائے جا
41	کچھ اُڑا لو مزہ جوانی کا
43	کچھ تو تنہائی کی راتوں میں سہارا ہوتا
45	ہزار بزم مہیّائے مرگ نیم شبی است
47	آتی ہے جھومتی ہوئی باد بہارِ عید
50	گلزارِ جہاں میں گُل کی طرح گو شاد ہیں ہم شاداب ہیں ہم
53	لیلیٰ عشق کو درکار ہیں دیوانے چند
56	پھر ستاتی ہے ہمیں گزری ہوئی راتوں کی یاد
58	نکہتِ زلف سے نیندوں کو بسا دے آ کر
61	غم خانۂ ہستی میں ہیں مہماں کوئی دن اور
65	شعر میں ذکر کسی کا دلِ ناکام نہ کر
67	سوز پھر چھیڑتا ہے رُوح کا ساز
70	نگہِ شوق ہے زبانِ خموش
71	ہر ذرہ اُس کے حُسن سے روشن ہے آج کل

75	آؤ بے پردہ تمہیں جلوۂ پنہاں کی قسم
77	یقینِ وعدہ نہیں، تابِ انتظار نہیں
80	یارو کوئے یار کی باتیں کریں
82	عید آئی آ کہ ساقی، عید کا ساماں کریں
85	محبت کی دُنیا میں مشہور کر دُوں
89	ہمارے ہاتھ میں کب ساغرِ شراب نہیں؟
94	وہ کہتے ہیں رنجش کی باتیں بھُلا دیں
98	کس کی آنکھوں کے لئے دل پہ اثر جاتے ہیں؟
101	عُمر بھر کی تلخ بیداری کا ساماں ہو گئیں
104	جو بہاروں میں نہاں رنگِ خزاں دیکھتے ہیں
106	ناحق نہ دردِ عشق کی ہمدم دَوا کریں
108	لے آئے انقلابِ سپہر بریں کہاں!
111	میخانۂ حیات میں کیا آرمیدہ ہوں
113	کبھی کاش رحم کا بھی اثر ملے چشمِ فتنہ نگاہ میں
115	لا پلا ساقی، شرابِ ارغوانی پھر کہاں

117	دلِ دیوانہ و اندازِ بے با کا نہ رکھتے ہیں
119	کیا جانے جا چھپی وہ مری یاسمن کہاں؟
123	میں آرزوئے جاں لکھوں، یا جانِ آرزو
125	یاد آؤ، مجھے اللہ نہ تم یاد کرو!
128	کون آیا مرے پہلو میں یہ خواب آلودہ؟
130	میری آنکھوں پہ چھا گیا کوئی
133	بھلا کیوں کر نہ ہو راتوں کو نیندیں بے قرار اُس کی
136	جھوم کر آئی ہے مستانہ گھٹا برسات کی
138	جھوم کر بدلی اُٹھی اور چھا گئی
140	نہ وہ خزاں رہی باقی نہ وہ بہار رہی
142	بہشتوں پہ ہنستی ہے دنیائے فانی
145	اُس مہ جبیں سے آج ملاقات ہو گئی
147	وہ کہتے ہیں کہ ہم سے پیار کی باتیں نہیں اچھی
149	نہ سازو مطرب، نہ جام و ساقی، نہ وہ بہارِ چمن ہے باقی
151	دلِ حزیں سے خلش کاری ستم نہ گئی

نہ بھولیں گی کبھی اسے ہمنشیں، راتیں جوانی کی	153
اشک باری نہ بنی، سینہ فگاری نہ گئی	154
عشق کہ جس کے دین میں صبر و سکوں حرام ہے	156
سما کر دل میں نظروں سے نہاں ہے	158
نہ بھول کر بھی تمنائے رنگ و بُو کرتے	160
کیا کہہ گئی کسی کی نظر کچھ نہ پُوچھیے	162
ہم دُعائیں کرتے ہیں جن کے لئے	164
اُن رس بھری آنکھوں میں حیا کھیل رہی ہے	166
اُٹھ اور شکوے نہ کر جورِ آسمانی کے	170
شرحِ غمہائے زمانہ سُن لے	172
آشنا ہو کر تغافل آشنا کیوں ہو گئے؟	174
عمرِ فانی کی ذرا قدر نہ جانی ہم نے	176
کس کو دیکھا ہے، یہ ہُوا کیا ہے؟	177
اے صبا کون سے گلزار سے تُو آتی ہے؟	179
ادائے پردہ کتنی دل نشیں معلُوم ہوتی ہے	181

نسیمِ کُوئے یار آئے نہ آئے 184
دِل میں اب تک ہوَسِ گُل بدناں باقی ہے 187
خیالستانِ ہستی میں اگر غم ہے خوشی بھی ہے 189
بہار آئی ہے مستانہ گھٹا کُچھ اور کہتی ہے 190
وُہ کبھی مِل جائیں توکیا کیجیے؟ 193
اگر وُہ اپنے حسین چہرے کو بھُول کر بے نقاب کر دے 195
اُٹھا طُوفاں ستاروں کی زمیں سے 197
نہ چھیڑ زاہدِ ناداں شراب پینے دے 199
عِشق کی مایُوسیوں میں کھو چُکے 201
مُجھے اپنی پستی کی شرم ہے تری رفعتوں کا خیال ہے 203
زمانِ ہجر مِٹے، دورِ وصلِ یار آئے 206
سُوئے کلکتہّ جو ہم بادِلِ دیوانہ چلے 208
مری آنکھوں سے ظاہر خُونفشانی اب بھی ہوتی ہے 211
جھنڈے گڑے ہیں باغ میں ابرِ و بہار کے 215

گیت

6

روگ کا راگ	221
پردیسی کی پریت	223
بادل کا سندیسہ	226
برہن کی جوانی	228
پردیسی سے	230
اِنتظار	233
جُدائی میں	235
بُلاوا	237
ساون کی گھٹائیں	239
ماہیا	241

جلوہ آنکھوں پہ چھا گیا کس کا؟
شوق، دل میں سما گیا کس کا؟

صورت آنکھوں میں کھب گئی کس کی؟
نقش دل کو لُبھا گیا کس کا؟

پھر کٹی ساری رات آنکھوں میں
جلوہ پھر یاد آ گیا کس کا؟

میرے دل سے بھُلا گیا سب کچھ
یہ خیال آہ، آ گیا کس کا؟

شوق ہے پھر بھی دیکھنے کا اُسے

شوق، مجنوں بنا گیا کِس کا؟

یاد سب کچھ بھُلا گئی کِس کی؟
دھیان سب کچھ بھُلا گیا کِس کا؟

کِس سے ملنے کی ہیں یہ تدبیریں
دل میں ارماں سما گیا کِس کا؟

دل میں لی پھر حیا نے چُٹکی سی
لب پہ پھر نام آ گیا کِس کا؟

بیٹھے بٹھلائے رو دیئے اختر
دھیان اِس وقت آ گیا کِس کا؟

مطبوعہ 'رومان' لاہور مئی 1936ء

***

شب کو پہلُو میں جو وہ ماہِ سِیہ پوش آیا
ہوش کو اِتنی خبر ہے کہ نہ پھر ہوش آیا

بے خودی سمجھی، ہم آغوش ہوئی مجھ سے بہار
کچھ اِس انداز سے وہ یاسمن آغوش آیا

جب نشاں تک نہ رہا قبر کا میری باقی
تب میری قبر پہ وہ زُود فراموش آیا

پھول بکھراتا ہوا، نکہتیں برساتا ہوا
وہ سُمن رنگ و سُمن بو و سُمن پوش آیا

ماہ و انجم سے کہو، زینتِ کاشانہ بنیں
کہ پھر آغوش میں وہ عشرتِ آغوش آیا

اُن کا زانُو تھا میرا سر، مرا دل ہات اُن کا
بے خودی تیرا برا ہو مجھے کب ہوش آیا!

دو گھڑی مل بھی گئی گر غمِ دُنیا سے نجات
چُٹکیاں لیتا ہوا دل میں غمِ دوش آیا

کِس لیے رو دیئے یوں بیٹھے بٹھائے اختر
آج کیا یاد کوئی یاد فراموش آیا

★★★

دل و دماغ کو رو لُوں گا، آہ کر لوں گا
تمہارے عشق میں سب کچھ تباہ کر لوں گا!

اگر مجھے نہ مِلیں تُم، تمہارے سر کی قسم!
میں اپنی ساری جوانی تباہ کر لُوں گا

مجھے جو دیر و حرم میں، کہیں جگہ نہ ملی
تیرے خیال ہی کو سجدہ گاہ کر لوں گا!

جو تم سے کر دیا محروم، آسماں نے مجھے
میں اپنی زندگی صَرفِ گناہ کر لوں گا

رقیب سے بھی ملوں گا، تمہارے حُکم پہ میں

جو اَب تلک نہ کیا تھا اب آہ کر لوں گا!

تمہاری یاد میں، میں کاٹ دوں گا حشر سے دن
تمہارے ہِجر میں راتیں سیاہ کر لوں گا

ثواب کے لئے ہو جو گنہ وہ عین ثواب
خدا کے نام پہ بھی اِک گناہ کر لوں گا

حریم حضرتِ سلمیٰ کی طرف جاتا ہوں
ہوا نہ صبر تو چُپکے سے آہ کر لوں گا

یہ نو بہار، یہ ابر و ہوا، یہ رنگِ شراب
چلو جو ہو سو ہو اب تو گُناہ کر لوں گا

کِسی حسینہ کے معصوم عشق میں اختر

جوانی کیا ہے میں سب کچھ تباہ کر لوں گا

مطبوعہ رومان لاہور : جنوری 1938ء

***

مستانہ پیے جا، یونہی مستانہ پیے جا
پیمانہ تو کیا چیز ہے، میخانہ پیے جا

کر غرق مےَ و جام، غمِ گردشِ ایّام
ہاں اے دلِ ناکام حکیمانہ پیے جا

مے نوشی کے آداب سے آگاہ نہیں تُو
جس طرح کہے ساقیِ مے خانہ پیے جا

کشکول ہو یا ساغرِ جَم، نشّہ ہے یکساں
شاہانہ پیے جا کہ فقیرانہ پیے جا

اِس مکر کی بستی میں ہے مستی ہی سے ہستی

دیوانہ بن اور با دلِ دیوانہ پیے جا

ہر جام میں رقصاں ہے پری خانۂ مستی
آنکھوں سے لگا کر یہ پری خانہ پیے جا

مے خانے کے ہنگامے ہیں کچھ دیر کے مہماں
ہے صبح قریب اخترِ دیوانہ پیے جا
***

دلِ شکستہ، حریفِ شباب ہو نہ سکا
یہ جامِ ظرف نواز شراب ہو نہ سکا

کچھ ایسے رحم کے قابل تھے ابتدا ہی سے ہم
کہ اُن سے بھی ستمِ بے حساب ہو نہ سکا

نظر نہ آیا کبھی شب کو اُن کا جلوۂ رُخ
یہ آفتاب کبھی ماہتاب ہو نہ سکا

نگاہِ فیض سے محروم، برتری معلوم
ستارہ چمکا مگر آفتاب ہو نہ سکا

ہے جام خالی تو پھیکی ہے چاندنی کیسی
یہ سیلِ نُور، ستم ہے شراب ہو نہ سکا

یہ مے چھلک کے بھی اُس حُسن کو پہنچ نہ سکی
یہ پھول کھِل کے بھی اُس کا شباب ہو نہ سکا

کسی کی شوخ نوائی کا ہوش تھا کس کو
میں ناتواں تو حریفِ خطاب ہو نہ سکا

ہُوں تیرے وصل سے مایوس اِس قدر گویا
کبھی جہاں میں کوئی کامیاب ہو نہ سکا

وہ پوچھتے ہیں ترے دل کی آرزو کیا ہے
یہ خواب ہائے کبھی میرا خواب ہو نہ سکا

تلاشِ معنیٔ ہستی میں فلسفہ نہ برَت
یہ راز آج تلک بے حجاب ہو نہ سکا

شرابِ عشق میں ایسی کشش سی تھی اختر
کہ لاکھ ضبط کیا اِجتناب ہو نہ سکا

مطبوعہ "بہارستان" لاہور اکتوبر 1926ء

***

دلِ مہجور کو تسکین کا ساماں نہ ملا
شہرِ جاناں میں ہمیں مسکنِ جاناں نہ ملا

کُوچہ گردی میں کٹیں شوق کی کتنی راتیں
پھر بھی اُس شمعِ تمنّا کا شبستاں نہ ملا

پوچھتے منزلِ سلمیٰ کی خبر ہم جس سے
وادیِ نجد میں ایسا کوئی اِنساں نہ ملا

یوں تو ہر راہ گزر پر تھے ستارے رقصاں

جِس کی حسرت تھی مگر وہ مہِ تاباں نہ ملا

لالہ و گُل تھے بہت عام چمن میں لیکن
ڈھونڈتے تھے جسے وہ سرو خراماں نہ ملا

جس کے پردوں سے مچلتی ہو وہی نِکہتِ شوق
بے خُودی کی قسم ایسا کوئی ایواں نہ ملا

بختِ بیدار کہاں، جلوۂ دلدار کہاں
خواب میں بھی ہمیں وہ غنچۂ خنداں نہ ملا

بے کسی، تشنہ لبی، دردِ حلاوت طلبی
چاندنی رات میں بھی چشمۂ حیواں نہ ملا

یوں تو ہر در پہ لپکتے نظر آئے دامن

کھینچتے ناز سے جس کو وہی داماں نہ ملا

کِس کے در پر نہ کیے سجدے نگاہوں نے مگر
ہائے تقدیر وہ غارت گرِ ایماں نہ ملا

کون سے بام کو رہ رہ کے نہ دیکھا لیکن
نگہِ شوق کو وہ ماہِ خراماں نہ ملا

درِ جاناں پہ فدا کرتے دل و جاں اختر
وائے بر حالِ دل و جاں، درِ جاناں نہ ملا
***

بے وفا کو عبث اِلزامِ جفا دینا تھا
ہم ہی بھُولے کہ تجھے دل سے بھُلا دینا تھا

حُسن و اُلفت میں نہیں تفرقۂ فرد و دُوئی
جذبِ کامل کو یہ پردہ بھی اُٹھا دینا تھا

مُبتلا ہو کے ترے عشق کی سر مستی میں
دل سے نقشِ غمِ ہستی کو مِٹا دینا تھا

رسمِ فرہاد ہے دنیا میں ابھی تک زندہ
یہ تماشا بھی کبھی اُن کو دِکھا دینا تھا

ہو کے ناکام ہَوِس کار بنے کیوں اختر
یادِ سلمیٰ میں جوانی کو گنَوا دینا تھا

مطبوعہ، خیالستان، لاہور، جنوری 1932ء

بعنوان 'نوائے پریشان'

***

دل میں خیالِ نرگسِ جانانہ آ گیا
پھولوں سے کھیلتا ہوا دیوانہ آ گیا

بادل کے اُٹھتے ہی مے و پیمانہ آ گیا
بجلی کے ساتھ ساتھ پری خانہ آ گیا

مستوں نے اِس ادا سے کیا رقصِ نو بہار
پیمانہ کیا کہ وجد میں مے خانہ آ گیا

اُس چشمِ مے فروش کی تاثیر کیا کہوں
آنکھوں تک آج آپ ہی پیمانہ آ گیا

معلوم کِس کو قیس کی دیوانگی کی شان

ہنگامہ سا بپا ہے کہ دیوانہ آ گیا

اختر، غضب تھی عہد جوانی کی داستاں
آنکھوں کے آگے ایک پری خانہ آگیا
***

جھوم کر اُٹھی ہے پھر کُہسار سے کالی گھٹا
کیسی مستانہ گھٹا ہے، کتنی متوالی گھٹا

دیکھنا کیسا یہ برکھا رُت نے جادو کر دیا
ہر کلی بجلی بنی ہے اور ہر ڈالی گھٹا

سبزہ و گُل جھومتے ہیں، دشت و گلشن مست ہیں
مے کدے برسا رہی ہے ہو کے متوالی گھٹا

چھائی ہے کس دھوم سے گلزار و کوہ و دشت پر
آہ یہ پہلی گھٹا، رنگیں گھٹا، کالی گھٹا

اُن کی زُلفِ مُشک بُو کی بُو چرا کر لائی ہے
ورنہ کیوں آتی ہے اِتراتی ہوئی کالی گھٹا

سبز مخمل سی بچھی جاتی ہے فرشِ خاک پر
ہر طرف لہکا رہی ہے کیسی ہریالی گھٹا

دل سے آتی ہیں صدائیں، بیخودیِ شوق میں
میرے سینے میں سما جائے یہ متوالی گھٹا

اُن کو بھی ہمراہ لے آتی تو کوئی بات تھی
ورنہ اختر سچ یہ ہے کس کام کی خالی گھٹا

***

وعدہ، اُس ماہ رُو کے آنے کا
یہ نصیبہ، سیاہ خانے کا!

کہہ رہی ہے نگاہِ دُزدیدہ
رُخ بدلنے کو ہے زمانے کا

ذرّے ذرّے میں بے حجاب ہیں وہ
جن کو دعویٰ ہے منہ چھُپانے کا

حاصلِ عمر ہے شباب، مگر

اِک یہی وقت ہے گنوانے کا

چاندنی، خامشی اور آخرِ شب
آ کہ ہے وقت دل میں آنے کا

ہے قیامت ترے شباب کا رنگ
رنگ بدلے گا پھر زمانے کا

تیری آنکھوں کی ہو نہ ہو تقصیر
نام رُسوا شراب خانے کا

رہ گئےَ بن کے ہم سراپا غم
یہ نتیجہ ہے دل لگانے کا

جس کا ہر لفظ ہے سراپا غم

میں ہوں عنوان اُس فسانے کا

اُس کی بدلی ہوئی نظر، توبہ!
یوں بدلتا ہے رُخ زمانے کا

دیکھتے ہیں ہمیں، وہ چھُپ چھُپ کر
پردہ رہ جائے، منہ چھُپانے کا

کر دیا خُوگرِ ستم اختر
ہم پہ احسان ہے زمانے کا

★★★

آرزو، وصل کی، رکھتی ہے پریشاں کیا کیا
کیا بتاؤں کہ مرے دل میں ہیں ارماں کیا کیا

غم عزیزوں کا، حسینوں کی جدائی دیکھی
دیکھیں، دکھلائے ابھی گردشِ دوراں کیا کیا

اُن کی خوشبو ہے فضاؤں میں پریشاں ہر سُو
ناز کرتی ہے ہوائے چمنستاں کیا کیا

دشت غربت میں رلاتے ہیں ہمیں یاد آ کر
اے وطن تیرے گُل و سنبل و ریحاں کیا کیا

اب وہ باتیں نہ وہ راتیں نہ ملاقاتیں ہیں

محفلیں، خواب کی صورت ہوئیں ویراں کیا کیا

ہے بہارِ گُل و لالہ، مرے اشکوں کی نمود
میری آنکھوں نے کھِلائے ہیں گلستاں کیا کیا

ہے کرم اُن کے سِتم کا کہ کرم بھی ہے سِتم
شِکوے سُن سُن کے وہ ہوتے ہیں پشیماں کیا کیا

گیسُو بکھرے ہیں مرے دوش پہ کیسے کیسے
میری آنکھوں میں ہیں آباد شبستاں کیا کیا

وقت اِمداد ہے اے ہمّتِ گستاخیِ شوق
شوق انگیز ہیں اُن کے لبِ خنداں کیا کیا

سیرِ گُل بھی ہے ہمیں باعث وحشت اختر

اُن کی اُلفت میں ہوئے چاک گریباں کیا کیا

***

حزیں ہے، بیکس و رنجُور ہے دل
محبّت پر مگر مجبور ہے دل

تمہارے نور سے معمور ہے دل
عجب کیا ہے کہ رشکِ طور ہے دل

تمہارے عشق سے مسرور ہے دل
ابھی تک درد سے معمور ہے دل

یہ کس کی مست آنکھیں یاد آئیں
کہ اِتنا مست ہے مخمور ہے دل

کیا ہے یاد اُس جانِ جہاں نے
الٰہی کس قدر مسرور ہے دل

بہت چاہا نہ جائیں تیرے در پر
مگر کیا کیجیے مجبور ہے دل

فقیری میں اِسے حاصل ہے شاہی
تمہارے عشق پر مغرور ہے دل

تیرے جلوے کا ہے جس دن سے مسکن
جوابِ جلوہ گاہِ طور ہے دل

دو عالم کو بھلا دیں کیوں نہ اختر
کہ اُس کی یاد سے معمور ہے دل
***

تازہ بہ تازہ، نو بہ نو، جلوہ بہ جلوہ، چھائے جا
پھولوں میں مسکرائے جا، تاروں میں جگمگائے جا

خواب و خیال کی طرح، آنکھ میں، دل میں آئے جا!
آنکھ کو بے قراریاں، دل کو جُنوں سِکھائے جا!

فتنۂ غم جگائے جا، حشر ستم اٹھائے جا!
نیچی نظر کیے ہوئے بام پہ مسکرائے جا!

ساقیِ دہر سے کہو، مستِ شرابِ غم ہیں ہم
شام و سحر پلائے جا، ظرف کو آزمائے جا!

میں ہوں وہ مست جس کو ہے کیف کی نُدرتوں کا ذوق

شام و سحر کے جام ہیں، شمس و قمر پلائے جا!

ہاں تجھے مجھ سے کیا غرض، میری خوشی سے کیا غرض
تُو تو نگاہ پھیر کر دور سے مسکرائے جا!

دورِ جہاں سے ساقیا، سرد ہُوا ہے دل میرا
برف و شراب کی جگہ، برق و شرر پلائے جا!

طُور خراب ہو نہ ہو، دید کی تاب ہو نہ ہو
کوئی جواب ہو نہ ہو، برق نظر گرائے جا!

دل کی رگوں میں مُطربہ، شعلے سے تیرنے لگے
بس یہی نغمہ گائے جا، بس اِسی دھُن میں گائے جا!

منزلِ ماہِ کہکشاں، وُسعت نیم گام ہے

عشق کی راہ میں یہی نغمۂ شوق گائے جا!

تیرے اور اُس کے درمیاں، تیری خودی حجاب ہے
اپنا نشان کھوئے جا، اُس کا مقام پائے جا!

بھُولنے کا خیال بھی ایک طرح کی یاد ہے
ہم نہ بھلائے جائیں گے، لاکھ ہمیں بھلائے جا!

نالۂ نیم شب میرا، سن کے کِسی نے دی صدا
طالب لذّت بقا، درد کو دل بنائے جا!

دل میرا سر بہ سر گُداز، تیری حیا عدوئے راز
مجھ سے بھی ضبط غم نہ ہو تو بھی نظر چُرائے جا!

سایۂ ابر ہے شباب، حاصلِ زندگی خراب

سازِ طرب بجائے جا، نغمۂ کیف گائے جا!

زندگیِ دوام کیا، مِنّتِ صبح و شام کیا
عمر ہے مختصر تو ہو، عمر طرب بڑھائے جا!

ہاں یونہی مُطربِ فراق، نغمۂ دردِ اِشتیاق
اُس کے تصوّرات سے سینے کو جگمگائے جا!

جام بہ جام، خم بہ خم، غنچہ بہ غنچہ، گُل بہ گل
نکہت و رنگ لائے جا، نور و طرب پلائے جا

پردہ ہے عرضِ حال کا، نغمہ و شعر کی زباں
اخترِ غم نوا اُنھیں اپنی غزل سنائے جا!

★★★

کچھ اُڑا لو مزہ جوانی کا
کیا بھروسا ہے زندگانی کا

دھوم ہے اپنے عشق کی گھر گھر
حق ادا ہو گیا جوانی کا

جس کا پردہ ہے اُس کی باتیں ہیں
کیا کھُلے بھید عمرِ فانی کا

کوئی لا دے زبانِ حال مجھے
شکوہ کرنا ہے بے زبانی کا

دن کو آہیں ہیں، رات کو آنسو
عشق ہے کھیل آگ پانی کا

وہ جفا ہو کہ ہو وفا اختر

شُکر ہے اُن کی مہربانی کا

مطبوعہ 'خیالستان' لاہور اگست 1931ء

***

کچھ تو تنہائی کی راتوں میں سہارا ہوتا
تم نہ ہوتے نہ سہی، ذِکر تمہارا ہوتا

ترکِ دنیا کا یہ دعویٰ ہے فُضول اے زاہد
بارِ ہستی تو ذرا سر سے اُتارا ہوتا

وہ اگر آ نہ سکے موت ہی آئی ہوتی
ہجر میں کوئی تو غم خوار ہمارا ہوتا

زندگی کتنی مسرت سے گزرتی یارب
عیش کی طرح اگر غم بھی گوارا ہوتا

عظمتِ گریہ کو کوتاہ نظر کیا سمجھیں

اشک اگر اشک نہ ہوتا تو ستارہ ہوتا

لبِ زاہد پہ ہے افسانۂ حورِ جنّت
کاش اِس وقت مرا انجمن آرا ہوتا

غمِ اُلفت جو نہ ملتا غمِ ہستی ملتا
کسی صورت تو زمانے میں گزارا ہوتا

کس کو فرصت تھی زمانے کے ستم سہنے کی
گر نہ اُس شوخ کی آنکھوں کا اشارہ ہوتا

کوئی ہمدرد زمانے میں نہ پایا اختر
دل کو حسرت ہی رہی کوئی ہمارا ہوتا
***

ہزار بزم مہیّائے مرگ نیم شبی است
ہنوز مطرب اسیر نوائے زیر لبی است

زبان شوق و گناہِ بیاں چہ بوالعجبی است
کہ در حضور تو عرض گناہ بے ادبی است

غرور عشق گدا را مجال شکوہ نہ داد
ستارہ سرِ مژگاں دعائے نیم شبی است

چہ طور ضبط کُند راز ربط پِنہاں را
نگاہ شوق کہ مست ادائے بے ادبی است

ز دوستان منافق مدار چشم وفا

میانِ پیکر اسلام روح بُو لہبی است

دو چیز آں کہ جوان است و ہم جواں سازد
نگاہِ شوخ[1] و فسوں ساز و بادہ عنبی است

شہادتے است بر آئینِ اختصاص کرم
جفائے دوست کہ آئینۂ وفا طلبی است[2]

جواب شعرِ گرامی نوشتہ ام اختر
اگرچہ عرض ہنر پیش یار بے ادبی است'
مطبوعہ 'بہارستان' لاہور جولائی 1927ء بعنوان 'نوائے اختر'

1۔ 'بہارستان' میں نگار شوخ
2۔ یہ شعر 'بہارستان' میں نہ تھا بعد کا اضافہ ہے (مرتّب)

***

آتی ہے جھومتی ہوئی بادِ بہارِ عید
مست طرب ہے آج ہر اِک مے گُسار عید

لایا ہلال مژدۂ بے اختیار عید
شکر خدا کہ پھر نظر آئی بہار عید

دنیا سرورِ نُور کی موجوں میں غرق ہے
کس درجہ جاں فزا ہے نسیم بہار عید

کوثر لٹاتی آتی ہیں مستانہ بدلیاں
ہاں تشنہ لب رہے نہ کوئی مے گسار عید

رحم اے ہوائے صبح، غریب الوطن ہیں ہم
ہم کو سنا نہ مژدۂ بے اختیارِ عید

معصوم بچّے جاگتے ہیں کس خوشی سے آج
گویا کہ ہیں ملائکِ شب زندہ دار عید

بچھڑی ہوئی سہیلیاں یوں ملتی ہیں گلے
ہو جس طرح کہ عید کوئی ہمکنارِ عید

اُن کی طرف گزر ہو تو کہہ دینا اے نسیم
کرتا تھا یاد آج کوئی سوگوار عید

کیا ظلم ہے کہ عید پہ بھی تو خبر نہ لے
'عمرت دراز باد فراموش گارِ' عید

خلق خدا ہے خوش تو ہمیں کیا ہُوا کرے
ہم خستہ جاں تو ہجر میں ہیں دل فگار عید

اخترؔ کا ہر تبسّمِ عریاں فریب ہے
اس پردۂ طرب میں نہاں ہے مزار عید
***

مطبوعہ 'عالمگیر، لاہور عید نمبر،
'نیرنگ خیال' لاہور جنوری 1935ء

یہ غزل "نغمہ حرم" میں نظم کے طور پر بعنوان "عید" شامل تھی اس میں صرف 7 اشعار ہیں عالم گیر میں مقطع کے ساتھ 8 اشعار ہیں مگر مندرجہ بالا غزل میں مقطع بدل دیا گیا ہے نیز اِس میں اشعار زیادہ ہیں اس لئے اسے غزل کے طور پر رہنے دیا گیا۔ تینوں متون میں سے صرف "طیُور آوارہ" میں اشعار میں الفاظ اور مصرعوں میں ردّو بدل کیا گیا ہے اس لئے یہ آخری متن بھی ہے نغمہ حرم میں البتہ یہ شعر زیادہ تھا جو اِس غزل میں نہیں ہے :

دوڑی خوشی کی لہر رگِ کائنات میں
ہر ذرّہ سے مچل پڑا کیف بہار عید
اِسی طرح عالم گیر کا مقطع یہ تھا:
اخترؔ نے اب کے ایک بھی روزہ نہیں رکھا

حضرت کو حق ہی کیا ہے منائیں بہار عید

اسی طرح تینوں متون محفوظ ہو گئے ہیں (مرتّب)

***

گلزارِ جہاں میں گُل کی طرح گو شاد ہیں ہم شاداب ہیں ہم
کہتی ہے یہ ہنس کر صبحِ خزاں، سب ناز عبث اک خواب ہیں ہم

کِس ماہِ لقا کے عشق میں یوں بے چین ہیں ہم، بے تاب ہیں ہم
کرنوں کی طرح آوارہ ہیں ہم، تاروں کی طرح بے خواب ہیں ہم

مٹ جانے پہ بھی مسرور ہیں ہم، مرجھانے پہ بھی شاداب ہیں ہم
شب ہائے شباب و عشق کا اک بھولا ہُوا رنگیں خواب ہیں ہم

فطرت کے جمال رنگیں سے ہم نے ہی اٹھائے ہیں پردے
بربط ہے اگر فردوس جہاں اس کے لیے اک مضراب ہیں ہم

خوش وقتی ہے وجہ رنج و الم گلزارِ جہاں میں اے ہمدم
طائر نہ پکاریں شاد ہیں ہم، غنچے نہ کہیں شاداب ہیں ہم

ملنے پہ گر آئیں کوئی مکاں خالی نہیں اپنے جلووں سے
اور گوشہ نشیں ہو جائیں اگر، کمیاب نہیں نایاب ہیں ہم

دو دن کے لئے ہم آئے ہیں، اک شب کی جوانی لائے ہیں
فردوس سرائے ہستی میں ہم رنگِ گل و مہتاب ہیں ہم

رُسوائیِ شعر و عشق نے وہ رتبہ ہمیں اختر بخشا ہے
فخرِ دکن و بنگال ہیں ہم، ناز اودھ و پنجاب ہیں ہم

***

لیلیِٰ عشق کو درکار ہیں دیوانے چند
نجد میں پھر نظر آنے لگے ویرانے چند

اللہ اللہ تری آنکھوں کا چھلکتا ہُوا کیف
جیسے مستی میں اُلٹ دے کوئی پیمانے چند

اب بھی آغاز جوانی کے فسانے ہیں یاد
اب بھی آنکھوں میں ہیں آباد پری خانے چند

چٹکیاں لینے لگا دل میں نشاطِ طفلی
آج یاد آ گئے بھولے ہوئے افسانے چند

دل کہیں راز محبت کو نہ کر دے افشا

آج محفل میں نظر آتے ہیں بیگانے چند

بجلیاں کالی گھٹاؤں میں ہیں یوں آوارہ
جیسے کہسار پہ رقصاں ہوں پری خانے چند

کیا کہوں کیا ہے خدا اور مذاہب کا ہجوم
اِک حقیقت پہ ہیں چھائے ہوئے افسانے چند

حافظ و بیدل و خیّام ہوں یا غالب و میر
بادۂ شعر کے ہیں بس یہی مستانے چند

بزم ہستی سے نکالے گئے اختر کیا جلد
ابھی پینے بھی نہیں پائے تھے پیمانے چند

مطبوعہ 'خیالستان' لاہور، اکتوبر 1931ء

'رومان' لاہور، نومبر 1936ء

***

پھر ستاتی ہے ہمیں گزری ہوئی راتوں کی یاد
آہ اُن راتوں کی یاد، اُن پیار کی باتوں کی یاد

رات کے پردوں میں چھپ چھپ کر جو ہوتی تھیں کبھی
چٹکیاں لیتی ہے دل میں اُن ملاقاتوں کی یاد

اب بھی آ کر گدگدا جاتی ہے بزم شوق کو
سایۂ گیسو میں شرمائی ہوئی راتوں کی یاد

لہلہا اُٹھتی ہے سینے میں بہارِ بے خودی
جب کبھی آتی ہے اُن رنگین برساتوں کی یاد

سینے میں دردِ فراق آنکھوں میں جوشِ اشتیاق

اب بھی تڑپاتی ہے اُن غمگیں مناجاتوں کی یاد

عشق کی شادابیوں سے جو مہکتی تھیں کبھی
دل میں لہراتی ہے پھر اُن چاندنی راتوں کی یاد

کیا کہیں کس کس طرح اخترؔ رلاتی ہے ہمیں
عشق کی راتوں کی، باتوں کی، ملاقاتوں کی یاد
***

نکہتِ زلف سے نیندوں کو بسا دے آ کر
میری جاگی ہوئی راتوں کو سلا دے آ کر

فکرِ فردا و غم دوش، بھلا دے آ کر
پھر اُسی ناز سے دیوانہ بنا دے آ کر

عشق کو نغمۂ امید سنا دے آ کر
دل کی سوئی ہوئی قسمت کو جگا دے آ کر

کس قدر تیرہ و تاریک ہے دنیائے حیات
جلوۂ حسن سے اِک شمع جلا دے آ کر

عشق کی چاندنی راتیں مجھے یاد آتی ہیں

عمرِ رفتہ کو مری مجھ سے ملا دے آ کر

زندگی بن کے مرے دل میں سما جا سلمیٰ
موت اِک پردہ ہے یہ پردہ اُٹھا دے آ کر

آگ سی دل میں لگا جاتا ہے تیرا ہر خط
آ مرے خِرمن ہستی کو جلا دے آ کر

تیری فرقت میں مرے شعر ہیں کتنے غمگیں
مسکراتی ہوئی نظروں سے ہنسا دے آ کر

پھر وہی ہم ہوں، وہی دن ہوں وہی راتیں ہوں
عہدِ رفتہ کو پھر آئینہ دِکھا دے آ کر

شوقِ نادیدہ میں لذّت ہے مگر ناز نہیں

آ مرے عشق کو مغرور بنا دے آ کر

شب فرقت پہ مری ہنستے ہیں اے خندۂ نور
میرے قدموں پہ ستاروں کو گرا دے آ کر

تشنۂ حسن ہوں اے ساقی مے خانۂ حُسن
اپنے ہونٹوں سے پھر اِک جام پلا دے آ کر

کب تلک رونقِ شامِ اودھ اے ماہِ رواں؟
شام لاہور کو بھی صبح بنا دے آ کر

ہو چکی سیر بہاراں کدۂ قیصر باغ
باغ لارنس میں بھی پھول کھلا دے آ کر

گومتی، دیکھ چکی جلوۂ عارض پہ بہار

سطحِ راوی کو بھی آئینہ بنا دے آ کر

تیرا رومان نیا خواب ہے اختر کے لئے
آ اور اس خواب کی تعبیر بتا دے آ کر
***

غم خانۂ ہستی میں ہیں مہماں کوئی دن اور
کر لے ہمیں تقدیر پریشاں کوئی دن اور

مر جائیں گے جب ہم تو بہت یاد کرے گی
جی بھر کے ستا لے شب ہجراں کوئی دن اور

تربت وہ جگہ ہے کہ جہاں غم ہے نہ حیرت

حیرت کدہ غم میں ہیں حیراں کوئی دن اور

یاروں سے گلہ ہے نہ عزیزوں سے شکایت
تقدیر میں ہے حسرت و حرماں کوئی دن اور

پامال خزاں ہونے کو ہیں مست بہاریں
ہے سیر گل و حُسنِ گلستاں کوئی دن اور

ہم سا نہ ملے گا کوئی غم دوست جہاں میں
تڑپا لے غم گردشِ دوراں کوئی دن اور

قبروں کی جو راتیں ہیں وہ قبروں میں کٹیں گی
آباد ہیں یہ زندہ شبستاں کوئی دن اور

رنگینی و نزہت پہ نہ مغرور ہو بلبل

ہے رنگ بہار چمنستاں کوئی دن اور

آخر کو وہی ہم، وہی ظلمات شب غم
ہے نور رخ ماہِ درخشاں کوئی دن اور

آزاد ہوں عالم سے تو آزاد ہوں غم سے
دنیا ہے ہمارے لئے زنداں کوئی دن اور

ہستی کبھی قدرت کا اک احسان تھی ہم پر
اب ہم پہ ہے قدرت کا یہ احساں کوئی دن اور

لعنت تھی گناہوں کی ندامت مرے حق میں
ہے شکر کے اس سے ہوں پریشاں کوئی دن اور

شیون کو کوئی خلد بریں میں یہ خبر دے

دنیا میں اب اختر بھی ہے مہاں کوئی دن اور
***

شعر میں ذکر کسی کا دلِ ناکام نہ کر
اُس نے لکھا ہے کہ یُوں تو ہمیں بدنام نہ کر

ہر ہوس پیشہ کو ہو جائے نہ الفت کا گماں
اپنے الطاف کو او جانِ جہاں عام نہ کر

ہر قدم آگے بڑھے ہمّتِ مردانۂ دل
عشق کی راہ میں فکرِ سحر و شام نہ کر

جس نے خود عشق کا آغاز کیا ہے یارب
کاش یہ بھی وہی کہہ دے غمِ انجام نہ کر

کوئی ہمدرد ہو کیسے کسی کمزوری کا

دلِ ناداں گلۂ گردشِ ایّام نہ کر!

حشر میں ملنے کی امید تھی وہ بھی نہ رہی
وہ یہ کہتے ہیں کہ ناحق طمعِ خام نہ کر

غیرتِ حُسن کو منظور نہیں رسوائی
ضبط اے عشق اِس افسانے کو یُوں عام نہ کر

آج ہی آج کے دم سے ہے بہارِ ہستی
فکرِ فردا نہ کر، اندیشۂ انجام نہ کر!

ناز سے گیسوئے سلمیٰ پہ بڑھا ہاتھ اختر
یُوں گدایانہ تماشائے لبِ بام نہ کر
***

سوز پھر چھیڑتا ہے رُوح کا ساز
ذرّہ ذرّہ ہے اِک نوائے گداز

دل نے کھائے بہت فریبِ مجاز
آہ او فطرتِ بہانہ طراز!

قبر پر آیا ہے وہ پیکرِ ناز
عُمرِ رفتہ کو دے کوئی آواز

زندگی کی حقیقت آہ نہ پوچھ
موت کی وادیوں میں اِک آواز!

آہ او عُمرِ رفتہ، تنہا ہوں

موت کی گھاٹیوں سے دے آواز!

آج کہتے ہیں مر گیا اختر
آہ وہ عِشق پیشہ شعر طراز

مطبوعہ 'ساقی' دہلی اگست 1930ء
بعنوان 'نذرِ غالب'

ساقی میں یہ غزل نو اشعار پر مشتمل تھی طیورِ آوارہ میں شامل کرتے ہوئے اختر نے تین اشعار محذوف کر دیئے جو یہ ہیں :

زندگی آہ زندگی دھوکا!
خواب یا ایک خواب کی آواز

دل ہے یا بے قرار سینے میں
ایک تارِ شکستہ کی آواز

گونجتی ہے حریم عرش میں بھی
دل کے سازِ شکستہ کی آواز

***

نگہِ شوق ہے زبانِ خموش
عشقِ رسوا کی داستانِ خموش

خوابِ نوشیں میں ہے وہ جانِ بہار
نُور و نکہت کی داستانِ خموش

آہ وہ جذبِ دل کی پہلی نگاہ
وہ محبّت کی چیستانِ خموش

تم کو اختر بھی یاد آتا ہے
کھویا کھویا سا وہ جوانِ خموش
***

ہر ذرّہ اُس کے حُسن سے روشن ہے آج کل
امرتسر ایک وادیِ ایمن ہے آج کل

اُس حُسن بے پناہ نے بے خانماں کیا
جو رہنُما تھا عشق میں رہزن ہے آج کل

جس آستاں کو سجدۂ پرویں بھی بار تھا
وہ آستاں جبیں کا نشیمن ہے آج کل

راتوں پہ چاندنی ہے فضا پُر بہار ہے
وحشت ہے، ہم ہیں، دامنِ گلشن ہے آج کل

ہر گام پر سرورِ ابد کی تجلّیاں

عالم تمام عالمِ ایمن ہے آج کل

پھر بوئے گل سے آتی ہے اُس گُل بدن کی بُو
پھر دل میں بے خودی کا نشیمن ہے آج کل

بعد از غمِ جدائیِ عذرا مرے لئے
یاد زبُور[1] و ماتمِ شیون[2] ہے آج کل

پیرِ فلک نے عیش کے بدلے دیا ہے غم
جو دوست تھا کبھی وہی دشمن ہے آج کل

چشمِ قمر کو بھی مرے خوابوں پہ رشک ہے
پیشِ نظر ترا رُخِ روشن ہے آج کل

کس نو بہارِ ناز نے جلوہ دکھا دیا

لبریز گُل نگاہ کا دامن ہے آج کل

اپنے نیاز پر مجھے پھر ہو چلا ہے ناز
اِک مہ جبیں کے سینے میں مسکن ہے آج کل

پھر خُلد بن گئی ہے خدائی مرے لئے
اِک حور وش کے دل میں نشیمن ہے آج کل

اختر پھرے نہ کس لئے آوارہ سا یہاں
امرتسر اُس پری کا نشیمن ہے آج کل
**

مطبوعہ 'رومان' لاہور نومبر 1936ء

1۔ اختر کے بڑے صاحبزادے جاوید محمود جنھیں زبُور اختر کہا جاتا تھا۔

2۔ اختر کے ایک قریبی اور مخلص دوست آغا مرزا خاں شیون مروی ایرانی جنھوں نے خودکُشی کرلی تھی۔ اختر کو اُن کی موت کا بڑا قلق تھا

***

آؤ بے پردہ تُمہیں جلوۂ پنہاں کی قسم
ہم نہ چھیڑیں گے، ہمیں زلفِ پریشاں کی قسم

چاکِ داماں کی قسم، چاکِ گریباں کی قسم
ہنسنے والے تجھے اِس حالِ پریشاں کی قسم

میرے ارمان سے واقف نہیں، شرمائیں گے آپ
آپ کیوں کھاتے ہیں ناحق میرے ارماں کی قسم

نیند آئی نہ کبھی تجھ سے بچھڑ کر ظالم

اپنی آنکھوں کی قسم، تیرے شبستاں کی قسم

لبِ جاناں پہ فدا، عارضِ جاناں کے نثار
شامِ رنگیں کی قسم، صبحِ درخشاں کی قسم

آج تک صبحِ وطن یاد ہے ہم کو اختر
دردِ ہجراں کی قسم، شامِ غریباں کی قسم
***

یقینِ وعدہ نہیں، تابِ انتظار نہیں
کسی طرح بھی دلِ زار کو قرار نہیں

شبوں کو خواب نہیں، خواب کو قرار نہیں
کہ زیبِ دوش وہ گیسوئے مشکبار نہیں

کلی کلی میں سمائی ہے نکہتِ سلمیٰ
شمیمِ حُور ہے یہ بُوئے نو بہار نہیں

کہاں کہاں نہ ہوئے ماہ رُو جُدا مجھ سے
کہاں کہاں مری اُمّید کا مزار نہیں

غموں کی فصل، ہمیشہ رہی تر و تازہ

یہ وہ خزاں ہے کہ شرمندۂ بہار نہیں

بہار آئی ہے ایسے میں تم بھی آ جاؤ
کہ زندگی کا، برنگ گُل اعتبار نہیں

کسی کی زلفِ پریشاں کا سایہ رقصاں ہے
فضا میں بال فشاں، ابرِ نو بہار نہیں

ستارہ وار وہ پہلو میں آ گئے شب کو
سحر سے کہہ دو کہ محفل میں آج بار نہیں

گُلِ فسردہ بھی اِک طرفہ حُسن رکھتا ہے
خزاں یہ ہے تو مجھے حسرتِ بہار نہیں

ہر ایک جام پہ، یہ نغمۂ حزیں ساقی!

کہ اِس جوانیِ فانی کا اعتبار نہیں'!

خدا نے بخش دیئے میرے دل کو غم اِتنے
کہ اب میں اپنے گناہوں پہ شرمسار نہیں

چمن کی چاندنی راتیں ہیں کس قدر ویراں
کہ اِس بہار میں وہ ماہِ نو بہار نہیں

شریک سوز ہیں پروانے، شمع کے اختر
ہمارے دل کا مگر کوئی غمگسار نہیں

***

یارو کُوئے یار کی باتیں کریں
پھر گُل و گلُزار کی باتیں کریں

چاندنی میں، اے دل اِک اِک پھُول سے
اپنے گُل رخسار کی باتیں کریں

آنکھوں آنکھوں میں لٹائیں میکدے
دیدۂ سرشار کی باتیں کریں

اب تو ملیے بس لڑائی ہو چکی
اب تو چلیے پیار کی باتیں کریں

پھر مہک اُٹھے فضائے زندگی

پھر گُلِ رخسار کی باتیں کریں

محشرِ انوار کر دیں بزم کو
جلوۂ دیدار کی باتیں کریں

اپنی آنکھوں سے بہائیں سیلِ اشک
ابرِ گوہر بار کی باتیں کریں

اُن کو اُلفت ہی سہی اغیار سے
ہم سے کیوں اغیار کی باتیں کریں

اختر اُس رنگیں ادا سے رات بھر
طالعِ بیمار کی باتیں کریں
***

عید آئی آ کہ ساقی، عید کا ساماں کریں
دن ہے قربانی کا، ہم بھی توبہ کو قرباں کریں

میکدے کے بام پر چڑھ کر اذانِ شوق دیں
مست ہیں، یوں پیرویِ شیوۂ ایماں کریں

انجم و گُل سے کریں آراستہ بزمِ طرب
ساغرِ ناپید کو اس بزم میں رقصاں کریں

ناز ہے زاہد کو جس زُہدِ ریائی پر اُسے
مہوشانِ میکدہ کے سامنے عریاں کریں

صحنِ میخانہ نہیں، یہ عید گاہِ شوق ہے

دھُوم سے رِندو، نمازِ شوق کا ساماں کریں

جس کو سُن کر وجد میں آ جائے دیوارِ حرم
میکدے میں آج ہم اُس راز کو عُریاں کریں

پھر لبِ مینا سے چھلکائیں رسیلی بجلیاں
پھر متاعِ غم کو نذرِ شعلۂ عُریاں کریں

ایک جانب غُنچہ افشاں ہو، چراغاں کی بہار
یک جانب آتشیں گُل کو شرر افشاں کریں

اِک طرف تازہ کریں ہنگامہ ہائے ناؤ نوش
اِک طرف برپا سرودِ نغمہ کے ساماں کریں

لالہ و گُل سے چھپا دیں ساغر و پیمانہ کو

یُوں عروسِ بادہ کی تزئین کا ساماں کریں

ہے گراں، غم خانۂ ہستی میں ذوق بے خودی
خُم کے خُم چھلکا کے ہم اس ذوق کو ارزاں کریں

نازنینانِ حرم کی یاد میں اک شوخ کو
فرشِ گلُہائے بہار آلود پر رقصاں کریں

منزلِ جاناں تک اختر ہم پہنچ ہی جائیں گے
پہلے اپنی جاں کو تو خاکِ رہِ جاناں کریں
***

محبّت کی دُنیا میں مشہُور کر دُوں
مرے سادہ دل تجھ کو مغرور کر دُوں

ترے دل کو ملنے کی خود آرزو ہو
تجھے اِس قدر غم سے رنجور کر دوں

مجھے زندگی، دور رکھتی ہے تجھ سے
جو تُو پاس ہو تو اِسے دُور کر دوں

محبّت کے اقرار سے شرم کب تک
کبھی سامنا ہو تو مجبور کر دوں

مرے دل میں ہے شعلۂ حُسن، رقصاں
میں چاہوں تو ہر ذرّے کو طُور کر دوں

یہ بے رنگیاں کب تک، اے حُسنِ رنگیں
اِدھر آ تجھے عشق میں چُور کر دُوں

تُو گر سامنے ہو تو میں بے خودی میں
ستاروں کو سجدے پہ مجبُور کر دوں

سیہ خانۂ غم ہے ساقی، زمانہ
بس اِک جام اور نُور ہی نُور کر دُوں

نہیں زندگی کو وفا ورنہ اختر
محبت سے دُنیا کو معمور کر دُوں
***

تمنّاؤں کو زِندہ، آرزوؤں کو جواں کر لُوں
یہ شرمیلی نظر کہہ دے تو کچھ گستاخیاں کر لوں

بہار آئی ہے بُلبُل دردِ دل کہتی ہے پھولو ں سے
کہو تو میں بھی اپنا دردِ دل تم سے بیاں کر لُوں

ہزاروں شوخ ارماں لے رہے ہیں چٹکیاں دل میں
حیا اُن کی اجازت دے تو کچھ بے باکیاں کر لوں

کوئی صورت تو ہو دُنیائے فانی میں بہلنے کی
ٹھہر جا اے جوانی، ماتمِ عمرِ رواں کر لوں

چمن میں ہیں بہم، پروانہ و شمع و گُل و بُلبل
اِجازت ہو تو میں بھی حال دِل اپنا بیاں کر لوں

کِسے معلوم کب، کِس وقت، کس پر گر پڑے بِجلی
ابھی سے میں چمن میں چل کر آباد، آشیاں کر لُوں

بر آئیں حسرتیں کیا کیا، اگر موت اِتنی فرصت دے
کہ اِک بار اور زندہ شیوۂ عشقِ جواں کر لُوں

مجھے دونوں جہاں میں ایک وہ مل جائیں گر اختر
تو اپنی حسرتوں کو بے نیازِ دو جہاں کر لُوں

★★★

ہمارے ہاتھ میں کب ساغرِ شراب نہیں؟
ہمارے قدموں پہ کِس روز ماہتاب نہیں؟

جہاں میں اب کوئی صورت پئے ثواب نہیں
وہ میکدے نہیں، ساقی نہیں، شراب نہیں

شبِ بہار میں تاروں سے کھیلنے والے
ترے بغیر مجھے آرزوئے خواب نہیں

چمن میں بُلبُلیں اور انجُمن میں پروانے
جہاں میں کون غمِ عشق سے خراب نہیں

سُکوتِ حُسن کے لب پر ہیں مستیاں گویا
بہار جاگ رہی ہے، وہ محوِ خواب نہیں

وہی ہیں وہ، وہی ہم ہیں، وہی تمنّا ہے
الٰہی کیوں تری دُنیا میں انقلاب نہیں

ہے شام و صبح سے بیگانہ غمکدہ دل کا
چراغِ ماہ نہیں، شمعِ آفتاب نہیں

شباب مٹ چُکا یادِ شباب باقی ہے
ہے بُو شراب کی، ساغر میں اب شراب نہیں

سُنا یہ نغمہ، ستاروں کی چھاؤں میں مطرب!
کہ رات بھر کی ہے اِک روشنی، شراب نہیں

دریچۂ مہ و انجم سے جھانکنے والے
ہُوئی ہے عُمر کہ میں آشنائے خواب نہیں

غم، آہ عشق کے غم کا کوئی نہیں موسم
بہار ہو کہ خزاں کب یہ اضطراب نہیں

حریم عرش کے سینے سے آ رہی ہے صدا
کہ اہلِ دل کی جگہ، عالمِ خراب نہیں

اُمیدِ پُرسشِ احوال ہو تو کیوں کر ہو
سلام کا بھی تری بزم میں جواب نہیں

بُجھا سا رہتا ہے دل، جب سے ہیں وطن سے جُدا
وہ صحنِ باغ نہیں، سیرِ ماہتاب نہیں

بسے ہوئے ہیں نگاہوں میں وہ حسیں کُوچے
ہر ایک ذرّہ، جہاں کم ز آفتاب نہیں

وہ باغ و راغ کے دلچسپ و دل نشیں منظر
کہ جن کے ہوتے ہوئے خُلد، مثلِ خواب نہیں

وہ جوئبارِ رواں کا طرب فزا پانی
شراب سے نہیں کچھ کم اگر شراب نہیں

برنگِ زُلفِ پریشاں، وہ موج ہائے رواں
کہ جِن کی یاد میں راتوں کو فِکرِ خواب نہیں

سما رہے ہیں نظر میں وہ مہ وِشانِ حرم
حرم میں جن کے ستارے بھی باریاب نہیں

وطن کا چھیڑ دیا کِس نے تذکرہ اختر
کہ چشمِ شوق کو پھر آرزوئے خواب نہیں
***

وہ کہتے ہیں رنجش کی باتیں بھُلا دیں
محبّت کریں، خوش رہیں، مسکرا دیں

غرور اور ہمارا غرورِ محبّت
مہ و مہر کو اُن کے در پر جھُکا دیں

جوانی ہو گر جاودانی تو یارب
تری سادہ دُنیا کو جنّت بنا دیں

شبِ وصل کی بے خودی چھا رہی ہے
کہو تو ستاروں کی شمعیں بجُھا دیں

بہاریں سمٹ آئیں، کِھل جائیں کلیاں
جو ہم تُم چمن میں کبھی مُسکرا دیں

عبادت ہے اِک بے خودی سے عبارت
حرم کو مئے مُشک و بُو سے بسا دیں

وہ آئیں گے آج اے بہارِ محبت
ستاروں کے بستر پہ کلیاں بچھا دیں

بناتا ہے منہ تلخیِ مہ سے زاہد!
تجھے باغِ رضواں سے کوثر منگا دیں

جنہیں عمر بھر یاد آنا سِکھایا
وہ دل سے تری یاد کیوں کر بھلا دیں؟

تم افسانۂ قیس کیا پُوچھتے ہو
اِدھر آؤ، ہم تُم کو لیلیٰ بنا دیں

یہ بے دردیاں کب تک اے دردِ غربت؟
بُتوں کو پھر ارض حرم میں بسا دیں

وہ سر مستیاں بخش اے رشکِ شیریں
کہ خُسرو کو خوابِ عدم سے جگا دیں

ترے وصل کی بے خودی کہہ رہی ہے
خدائی تو کیا ہم خُدا کو بھُلا دیں

اُنہیں اپنی صورت پہ یُوں ناز کب تھا
مرے عشقِ رُسوا کو اختر دُعا دیں

***

کِس کی آنکھوں کا لئے دل پہ اثر جاتے ہیں؟
میکدے ہاتھ بڑھاتے ہیں جِدھر جاتے ہیں

دل میں ارمانِ وصال، آنکھ میں طُوفانِ جمال
ہوش باقی نہیں جانے کا مگر جاتے ہیں

بھُولتی ہی نہیں دل کو تری مستانہ نگاہ
ساتھ جاتا ہے یہ مَے خانہ جِدھر جاتے ہیں

پاسبانانِ حیا کیا ہوئے اے دولتِ حُسن؟
ہم چُرا کر تری دزدیدہ نظر جاتے ہیں!

پُرسشِ دل تو کُجا یہ بھی نہ پوچھا اُس نے

ہم مُسافر کِدھر آئے تھے کِدھر جاتے ہیں

چشمِ حیراں میں سمائے ہیں یہ کس کے جلوے
طُور ہر گام پہ رقصاں ہیں جدھر جاتے ہیں

جِس طرح بھُولے مُسافر کوئی ساماں اپنا
ہم یہاں بھُول کے دل اور نظر جاتے ہیں

کِتنے بے درد ہیں اس شہر کے رہنے والے
راہ میں چھین کے دِل، کہتے ہیں گھر جاتے ہیں

اگلے وقتوں میں لٹا کرتے تھے رہرو اکثر
ہم تو اِس عہد میں بھی لُٹ کے مگر جاتے ہیں

فیض آباد سے پہنچا ہمیں یہ فیض اختر

کہ جگر پر لیے ہم داغِ جگر جاتے ہیں

***

عُمر بھر کی تلخ بیداری کا ساماں ہو گئیں [1]
ہائے وہ راتیں کہ جو خواب پریشاں ہو گئیں

میں فدا اُس چاند سے چہرے پہ جِس کے نُور سے [2]
میرے خوابوں کی فضائیں، یوسفستاں ہو گئیں

عُمر بھر کم بخت پھر نیند آ سکتی نہیں
جِس کی آنکھوں [3] پر تری زلفیں پریشاں ہو گئیں

دل کے پردوں میں تھیں جو جو حسرتیں پردہ نشیں

آج وہ آنکھوں میں آنسو بن کے عُریاں ہو گئیں

کُچھ تُجھے بھی ہے خبر او سونے والے ناز سے
میری راتیں لُٹ گئیں، نیندیں پریشاں ہو گئیں

ہائے وہ مایوسیوں میں میری اُمّیدوں کا رنگ
جو ستاروں کی طرح اُٹھ اُٹھ کے پِنہاں ہو گئیں

بس کرو، او میری رونے والی آنکھو، بس کرو
اب تو اپنے ظلم پر وہ بھی پشیماں ہو گئیں

آہ، وہ دن، جو نہ آئے پھر گزر جانے کے بعد
ہائے وہ راتیں کہ جو خوابِ پریشاں ہو گئیں

گُلشنِ دل میں کہاں اختر وہ رنگِ نَو بہار [4]

آرزوئیں چند کلیاں تھیں پریشاں ہو گئیں

مطبوعہ 'خیالستان' لاہور اگست 1931ء بعنوان 'نوائے آوارہ'

یہ غزل خیالستان میں 7 اشعار پر مشتمل تھی طیور آوارہ میں شامل کرتے وقت شعر نمبر 4 اور 8 کا اضافہ کیا گیا۔ اشعار کی ترتیب بدلی گئی اور چند لفظی اصلاحات کی گئیں۔

میں فدا ان چاند سے جلووں کے جن کے نور سے (خیالستان)

جس کے سینے پر (خیالستان)

اب کہاں اختر جوانی کی وہ فصلِ نو بہار (خیالستان)

***

جو بہاروں میں نہاں رنگِ خزاں دیکھتے ہیں
دیدۂ دل سے وہی سیرِ جہاں دیکھتے ہیں

ایک پردہ ہے غموں کا، جسے کہتے ہیں خوشی
ہم تبسّم میں نہاں، اشکِ رواں دیکھتے ہیں

دیکھتے دیکھتے کیا رنگ جہاں نے بدلے
دیدۂ اشک سے نیرنگِ جہاں دیکھتے ہیں

رات ہی رات کی مہماں تھی بہارِ رنگیں

پھر وہی صبح، وہی جورِ خزاں دیکھتے ہیں

ہر مسرّت ہے غمِ تازہ کی تمہید اے دل
نغمۂ شوق میں آثارِ فُغاں دیکھتے ہیں

دل میں جینے کی تمنّا نہیں باقی اختر
کوئی دِن اور تماشائے جہاں دیکھتے ہیں
***

نا حق نہ دردِ عشق کی ہمدَم دَوا کریں
تا حشر یہ خلش نہ مِٹے، یہ دُعا کریں

شکوے سے کی ہے نامۂ اُلفت کی ابتدا
جی چاہتا ہے آج پھر اُن کو خفا کریں

الزامِ پارسائی نہ آئے، شباب میں
جو پارسا ہوں، وہ مرے حق میں دُعا کریں

پچھلا پہر ہے، چاندنی چھٹکی ہے، باغ میں
ایسے میں آپ آ نہیں سکتے ہیں، کیا کریں

وہ کیا ملا کہ دونوں جہاں مل گئے ہمیں

اب اُس کی بارگاہ میں ہم کیا دُعا کریں؟

بے تاب ہو کے سامنے آئیں گے خود کبھی
چھُپنے کو ہم سے لاکھ ابھی وہ چھُپا کریں

اخترؔ نہیں ہے دردِ محبّت کا کچھ علاج
ہو کوئی اور درد تو نیّر دوا کریں
***

لے آئے اِنقلابِ سپہرِ بریں کہاں!
اللہ ہم کہاں وہ ثُریّا جبیں کہاں؟

در ہے نہ آستاں، نہ حرم ہے نہ بُتکدہ
یارب مچل پڑی ہے ہماری جبیں کہاں؟

سُورج کی سب سے پہلی کِرن خوشنما سہی
لیکن تری نظر کی طرح دلنشیں کہاں؟

دامن کشِ نظر ہے کسی کا حریم ناز[1]
دُنیا میں آ گئی یہ بہشتِ بریں کہاں؟

آنکھوں نے ذرّے ذرّے پہ سجدے لُٹائے ہیں
کیا جانے جا چھپا مرا پردہ نشیں کہاں؟

کوثر پلا کے ہم سے نہ حوریں کریں مذاق
ہم رندِ تلخ نوش کہاں، انگبیں کہاں؟

زاہد تری بہشت میں حوریں سہی مگر
ہم جس کو چاہتے ہیں وہ زہرہ جبیں کہاں؟[2]

ساقی کی چشمِ مست کا صدقہ ہے ورنہ شیخ
اختر کہاں، یہ شعلۂ مینا نشیں کہاں؟[3]

مطبوعہ ''بہارستان'' لاہور مارچ 1927ء
'بہارستان' میں:
دامن کشِ نظر ہے بہار آشیانہ' کی
'بہارستان' میں:
ہم جس پہ مرتے ہیں وہ ثریّا جبیں کہاں
'بہارستان' میں یہ شعر بھی تھا:

ہاں دل کی حسرتوں کا تو ماتم کریں گے ہم
لیکن وہ خوں فشانیِ چشمِ حزیں کہاں

***

میخانۂ حیات میں کیا آرمیدہ ہوں
بزمِ ازل کا ساغرِ راحت چشیدہ ہوں

آغازِ عشق ہی مجھے انجامِ عشق ہے
میں دامنِ نسیم پہ اشکِ چکیدہ ہُوں

تصویرِ خاک میں مجھے ظاہر کیا ہے کیوں؟
میں نَو بہارِ قُدس کا رنگِ پریدہ ہوں

ہوں گلستانِ غم کا گُلِ داغدار میں
یا نونہالِ درد کی شاخِ بریدہ ہوں

اس دام گاہِ دہر میں کیوں ہو گیا اسیر

میں شاخسارِ خُلد کا مُرغِ پرِیدہ ہوں

میرے سکوت پر نہیں کچھ ضبطِ دل گراں
میں کاروانِ عشق کی صوتِ شنیدہ ہوں

اختر یہ فیصلہ ہے نبردِ حیات کا
ہو جاؤں گا فنا کہ فنا آفریدہ ہوں
***

کبھی کاش رحم کا بھی اثر ملے چشمِ فتنہ نگاہ میں
کہ کوئی گدا ہے پڑا ہوا ترے دردِ عشق کی راہ میں

نہیں عُذر، زاہدو لاکھ مرتبہ جائیں طوفِ حرم کو ہم
مگر ایک شرط ہے میکدہ نہ ملا کرے ہمیں راہ میں

نہیں یاد عیش و ملال[1] عُمرِ گُزشتہ کی کوئی داستاں
مگر آہ چند وہ ساعتیں جو بسر ہوئی ہیں گُناہ میں

جو مزاجِ دل[2] نہ بدل سکا تو مذاقِ دہر کا کیا گِلہ
وہی تلخیاں ہیں ثواب میں، وہی لذّتیں ہیں گُناہ میں

گِلۂ ستم کی مجال تو ہے پر آہ اِس کو میں کیا کروں

یہ جو ایک بجلی سی بے قرار ہے اُن کی نیچی نگاہ میں

مجھے انقلابِ زمانہ کا، جو یقین آئے تو کس طرح
وہی درد ہے مری آہ میں، وہی ناز تیری نگاہ میں

بخُدا کہ دونوں جہان میں کوئی اس سے بڑھ کے خوشی نہ تھی
اگر ایک تلخیِ انفعال کی حِس نہ ہوتی گناہ میں[3]

مطبوعہ 'خیالستان' لاہور مئی 1932ء

1۔ خیالستان میں "نشاط" ہے

2۔ جو نظام دل (خیالستان)

3۔ یہ آخری شعر خیالستان میں نہ تھا

***

لا پلا ساقی، شرابِ ارغوانی پھر کہاں
زندگانی پھر کہاں، ناداں جوانی پھر کہاں؟

دو گھڑی مل بیٹھنے کو بھی غنیمت جانیے
عُمر فانی ہی سہی، یہ عُمرِ فانی پھر کہاں؟

آ کہ ہم بھی اِک ترانہ جھُوم کر گاتے چلیں
اِس چمن کے طائروں کی ہم زبانی پھر کہاں؟

ہے زمانہ، عشقِ سلمیٰ میں گنوا دے زندگی!
یہ زمانہ پھر کہاں، یہ زندگانی پھر کہاں؟

ایک ہی بستی میں ہیں، آساں ہے ملنا، آ ملو

کیا خبر لے جائے، دورِ آسمانی پھر کہاں؟

فصلِ گُل جانے کو ہے، دَورِ خزاں آنے کو ہے
یہ چمن، یہ بُلبُلیں، یہ نغمہ خوانی پھر کہاں؟

پھُول چُن، جی کھول کر عیش و طرب کے پھُول چُن
موسمِ گُل پھر کہاں، فصلِ جوانی پھر کہاں؟

آخری رات آ گئی، جی بھر کے مل لیں آج تو
تُم سے ملنے دے گا، دَورِ آسمانی پھر کہاں؟

آج آئے ہو تو سُنتے جاؤ، یہ تازہ غزل
ورنہ اختر پھر کہاں، یہ شعر خوانی پھر کہاں؟
***

دلِ دیوانہ و انداز بیباکانہ رکھتے ہیں
گدائے میکدہ ہیں وضع آزادانہ رکھتے ہیں

مجھے میخانہ، تھرّاتا ہُوا محسوس ہوتا ہے
وہ میرے سامنے شرما کے جب پیمانہ رکھتے ہیں

تری عالی جنابی سے ہو کِس کو عشق کی جُرأت
خدا کا شُکر ہے ہم شمعِ بے پروانہ رکھتے ہیں

گھٹائیں بھی تو بہکی جا رہی ہیں اِن اداؤں پر
چمن میں جو قدم رکھتے ہیں وہ مستانہ رکھتے ہیں

بظاہر ہم ہیں بُلبُل کی طرح مشہور، ہرجائی

مگر دل میں گدازِ فطرتِ پروانہ رکھتے ہیں

جوانی بھی تو اِک موجِ شرابِ تُند و رنگیں ہے
بُرا کیا ہے اگر ہم مشربِ رندانہ رکھتے ہیں

کِسی مغرور کے آگے ہمارا سر نہیں جھُکتا
فقیری میں بھی اختر غیرتِ شاہانہ رکھتے ہیں
مطبوعہ 'رومان' لاہور مئی 1937ء
***

کیا جانے جا چھُپی وہ مِری یاسمن کہاں؟
شامِ چمن، بتا کہ ہے ماہِ چمن کہاں؟

دیدارِ برقِ جلوہ نہ تھا اِس قدر محال[1]
حاصل[2] ہُوا ہے رنگِ گُل و یاسمن کہاں!

کہتا ہے یہ سُکوتِ لبِ لالہ ہائے طُور
سوزِ جگر کہاں، سر و برگِ سُخن کہاں!

خلوت نشینیوں سے نہیں فیض، خلق کو
چشمہ کہاں روانیِ گنگ و جمن کہاں

اے دردِ دل یہ تُو نے دِکھایا ہے کیا اثر

وہ گُل بدن کہاں، مرا دار المحن کہاں؟

رنگِ بہارِ یاسمن و گُل، حسین سہی
لیکن وہ یاسمن رُخ و گُل پیرہن کہاں؟[3]

ہم تلخ کامیوں کا گِلہ کِس طرح کریں
مانا کہ آپ سا کوئی شیریں دہن کہاں

یہ سچ کہ ہے بہارِ چمن، جانفزا مگر
جِس کی تلاش ہے وہ بہارِ چمن کہاں؟

نُورِ کمال چھپ نہیں سکتا، حجاب میں
خوشبُو بتاتی ہے کہ کھُلی ہے سُمن کہاں!

ہو جاتی ہے خیال سے گُم انجمن تمام[4]

وہ آ گئے خیال میں تو انجمن کہاں!

کیسا ہی دیں فریب گُل و لالہ و سمن
ہم جس کو ڈھونڈتے ہیں وہ جانِ چمن کہاں؟[5]

مجبُور ہو کے اُن کو بھی کہنا پڑا ندیم
اختر سا اور ہِند میں شیریں سُخن کہاں؟

مطبوعہ "ادیب" دہلی نمبر 2 جلد 7
'عالم گیر' لاہور مئی 1945ء

1۔ کیف نظارہ اس کی اداؤں کا ہے حجاب (عالم گیر)
2۔ حائل (ادیب)
3۔ ادیب میں یہ شعر نہیں ہے
4۔ دل سے خیال انجمن عیش مٹ گیا (عالم گیر)

5۔ یہ شعر عالم گیر میں نہیں۔ البتہ یہ شعر عالمگیر میں تھا جو طیور آوارہ میں شامل نہیں :

یوں تو عزیز ہیں ہمیں نظّارہ ہائے گُل
ہم جس کو ڈھونڈتے ہیں وہ گُلگُوں بدن کہاں

***

مَیں آرزوئے جاں لکھوں، یا جانِ آرزُو
تُو ہی بتا دے ناز سے، ایمانِ آرزُو!

آنسو نکل رہے ہیں تصوّر میں بن کے پھُول
شاداب ہو رہا ہے گُلستانِ آرزُو

ایمان و جاں نثار تری اِک نگاہ پر
تُو جانِ آرزو ہے تُو ایمانِ آرزو!

مصرِ فراق کب تلک اے یوسفِ اُمید
روتا ہے تیرے ہجر میں کِنعانِ آرزُو!

ہونے کو ہے طلوع، صباحِ شبِ وصال

بُجھنے کو ہے چراغِ شبستانِ آرزُو

اِک وہ کہ آرزوؤں پہ جیتے ہیں عُمر بھر
اِک ہم کہ ہیں ابھی سے پشیمانِ آرزُو

آنکھوں سے جوئے خوں ہے رواں دل ہے داغ داغ
دیکھے کوئی بہارِ گلُستانِ آرزُو

دل میں نشاطِ رفتہ کی دھُندلی سی یاد ہے
یا شمعِ وصل ہے تہِ دامانِ آرزُو

اختر کو زندگی کا بھروسا نہیں رہا
جب سے لُٹا چُکے سر و سامانِ آرزو

***

یاد آؤ، مجھے للہ نہ تم یاد کرو!
اپنی اور میری جوانی کو نہ برباد کرو!

بستیاں اپنی، اٹک پار بسانے والو!
کبھی راوی کے کناروں کو بھی دلشاد کرو!

خیبر اور اُس کے نواحی میں ٹہلنے والو!
کبھی لاہور کے لارنس کو بھی یاد کرو!

سرحد اور اُس کے مناظر ہیں طرب ناک مگر
کبھی پنجاب کے سینے کو بھی آباد کرو!

میرے پردیسیو، سیکھی ہے یہ کس دیس کی ریت؟

جو تمہیں یاد کرے تم نہ اُسے یاد کرو!

شرم رونے بھی نہ دے؟ بے کلی سونے بھی نہ دے
اِس طرح تو مری راتوں کو نہ برباد کرو!

حد ہے پینے کی کہ خود پیرِ مُغاں کہتا ہے
اِس بُری طرح جوانی کو نہ برباد کرو!

یاد آتے ہو بہت، دل سے بھُلانے والو!
تم ہمیں یاد کرو، تم ہمیں کیوں یاد کرو!

آسماں رُتبہ محل اپنے بنانے والو!
دل کا اُجڑا ہوا گھر بھی کوئی آباد کرو!

"ہم کبھی آئیں، ترے گھر مگر آئیں گے ضرور"

تم نے یہ وعدہ کیا تھا کہ نہیں، یاد کرو!

چاندنی رات میں گُلگشت کو جب جاتے تھے
آہ عذرا کبھی اُس وقت کو بھی یاد کرو!

میں بھی شائستۂ الطافِ ستم ہوں شاید
میرے ہوتے ہوئے کیوں غیر پہ بیداد کرو

صدقے اُس شوخ کے اختر، کہ لکھا ہے جس نے
عِشق میں اپنی جوانی کو نہ برباد کرو!
مطبوعہ 'رومان' لاہور دسمبر 1936ء
***

کون آیا مرے پہلو میں یہ خواب آلُودہ؟
زُلفِ برہم زدہ و چشمِ حجاب آلودہ

آہ یہ زُلف ہے یا ابرِ سُرمے خانہ
آہ یہ آنکھ ہے یا جامِ شراب آلُودہ

کِس نے پہلُو میں بٹھایا یہ مُجھے شرما کر
کِس کے ہاتھوں میں ہے لرزش یہ حجاب آلودہ

کِس کے ملبُوس سے آتی ہے حنا کی خوشبُو
کِس کے ہر سانس کی جُنبش ہے گُلاب آلودہ

کِس کو شکوہ ہے مرے عشق سے رُسوائی کا

کِس کا لہجہ ہے با این لطف عتاب آلودہ

پھر ہم آغوشی کے موسم نے بکھیرے گیسو
پھر فضائیں نظر آتی ہیں سحاب آلُودہ

حسرتِ بوسہ پر اختر یہ خیال آتا ہے
کیوں مرے لب سے ہوں وہ برگِ گُلاب آلودہ
***

میری آنکھوں پہ چھا گیا کوئی
میرے دل میں سما گیا کوئی

دردِ دل کِس طرح چھپاتے ہم
آنکھوں آنکھوں میں پا گیا کوئی

ہم غریبوں کی کُچھ نہیں سُنتا
دل کو یہ کیا سِکھا گیا کوئی

پھر تصوّر نے بھُولنا چاہا
پھر تصوّر میں آ گیا کوئی

آنکھ بس خواب، دل فقط جذبہ!
پردے پردے میں آ گیا کوئی

بخش کر دل کو، ایک اپنی یاد
دل سے سب کچھ بھلا گیا کوئی

دیدۂ شوق کا خدا حافظ
خواب بن کر سما گیا کوئی

دل جسے بھولنا نہ چاہتا تھا
دل سے وہ کچھ بھُلا گیا کوئی

سنگدل ہونے پر یہ حالت تھی
میرے دل کو لُبھا گیا کوئی

دلِ نادان کا قصّہ کیا اختر
دلِ ناداں کو بھا گیا کوئی

***

بھلا کیوں کر نہ ہو راتوں کو نیندیں بے قرار اُس کی
کبھی لہرا چکی ہو جس پہ زُلفِ مشکبار اُس کی

اُمیدِ وصل پر، دل کو فریبِ صبر کیا دیجے
ادا وحشی صفت اُس کی، نظر بے گانہ وار اُس کی

محبت تھی، مگر یہ بے قراری تو نہ تھی پہلے
الٰہی آج کیوں یاد آتی ہے بے اختیار اُس کی؟

تجھے تو عشق پیچاں جیسے بل کھانے نہ آتے تھے؟
بتا کیا تجھ پہ لہرائی ہے زُلفِ عطر بار اُس کی؟

مئے اُلفت کے سرشاروں کو میخانے سے کیا مطلب؟
ادا، رُوحِ نشاط اُس کی، نظر جانِ بہار اُس کی

بُرا ہو اِس تغافل کا کہ تنگ آ کر یہ کہتا ہُوں
مجھے کیوں ہو گئیٔ اُلفت مرے پروردگار اُس کی؟

یہاں کیا دیکھتے ہو ناصحو، گھر میں دھرا کیا ہے؟
مرے دل کے کسی پردے میں ڈھونڈو یادگار اُس کی!

جفائے ناز کی میں نے شکایت، ہائے کیوں کی تھی
مجھے جینے نہیں دیتی نگاہِ شرمسار اُس کی

ہمیں عرضِ تمنّا کی جسارت ہو تو کیوں کر ہو
نگاہیں فتنہ ریز اُس کی، ادائیں حشر بار اُس کی

کوئی کیوں کر بھُلا دے، ہائے ایسے کی محبت کو
وفائیں دل نواز اُس کی جفائیں خوشگوار اُس کی

اِنہی کُوچوں میں کل اختر کو رُسوا ہوتے دیکھا تھا
آنکھیں اشکبار اُس کی، وہ باتیں دِل فگار اُس کی

مطبوعہ 'نگار' لکھنؤ۔ دسمبر 1928ء

***

جھُوم کر آئی ہے مستانہ گھٹا برسات کی
جی لبھاتی ہے نسیمِ جاں فِزا برسات کی

باغ کا ایک اِک شجر ہے اِک عروسِ سبز پوش
جس کو آ کر گُدگُداتی ہے ہَوا برسات کی

رحمتِ حق، ابر بن کر چار جانب چھا گئی
کب سے کرتے تھے دعائیں مہ لقا برسات کی

کوئلیں کُوکیں، پپیہے پی کہاں کہنے لگے
نغموں سے لبریز ہے رنگیں فضا برسات کی

جھُولتی ہیں تتلیوں کی طرح کم سِن مہوشیں

یا شگوفوں کو اُڑاتی ہے ہوا برسات کی

اِک طرف پھولوں کی آنکھوں میں اُمڈ آئی بہار
اِک طرف رنگت دِکھاتی ہے حنا برسات کی

سر سے ڈھلکے ہیں دوپٹّے، بال بکھرے، سر کھُلے
چھیڑتی ہے نازنینوں کو ہوا برسات کی

شاخساروں سے ملہاروں کی صدا آنے لگی
کیا سُہانے گیت گاتی ہے گھٹا برسات کی

دل مچلتا ہے مرا اختر گھٹا کو دیکھ کر
آہ یہ کالی یہ متوالی گھٹا برسات کی

***

جھوم کر بدلی اُٹھی اور چھا گئی
ساری دُنیا پر جوانی آ گئی

آہ وہ اُس کی نگاہِ مے فروش
جب بھی اُٹھّی مستیاں برسا گئی

گیسوئے مشکیں میں وہ روئے حسیں
ابر میں بجلی سی اِک لہرا گئی

عالمِ مستی کی توبہ، الاماں
پارسائی نشہ بن کر چھا گئی

آہ اُس کی بے نیازی کی نظر

آرزو کیا پھول سی کُمھلا گئی

سازِ دل کو گُدگدایا عشق نے
موت کو لے کر جوانی آ گئی

پارسائی کی جواں مرگی نہ پوچھ
توبہ کرنی تھی کہ بدلی چھا گئی

اختر اُس جانِ تمنّا کی ادا
جب کبھی یاد آ گئی تڑپا گئی

مطبوعہ 'رومان' لاہور دسمبر، جنوری 38-1937

***

نہ وہ خزاں رہی باقی نہ وہ بہار رہی
رہی تو میری کہانی ہی یادگار رہی

وُہی نظر ہے نظر جو بایں ہمہ پستی
ستارہ گیر رہی، کہکشاں شکار رہی

شبِ بہار میں تاروں سے کھیلنے والے
کسی کی آنکھ بھی شب بھر ستارہ بار رہی

تمام عُمر رہا گرچہ میں تہی پہلو
بسی ہوئی مرے پہلُو میں بوئے یار رہی

کوئی عزیز نہ ٹھہرا ہمارے دفن کے بعد
رہی جو پاس تو شمع سرِ مزار رہی

وہ پھُول ہوں جو کھِلا ہو، خزاں کے موسم میں
تمام عمر مجھے حسرتِ بہار رہی

کبھی نہ بھُولیں گی اُس شب کی لذّتیں اختر
کہ میرے سینے پہ وہ زُلفِ مشک بار رہی
***

بہشتوں پہ ہنستی ہے دنیائے فانی
جوانی کی راتیں ہیں کتنی سہانی

ستم ہے کہ اے دل نہیں جاودانی
حسینوں کا حُسن اور ہماری جوانی

یہ سبزہ، یہ بادل، یہ رُت یہ جوانی!
کِدھر ہے مرا ساغرِ خُسروانی

بھلا پھر کہاں ہم، کہاں نوجوانی
پِلا ساقیا بادۂ ارغوانی

تِرا حُسن پروردۂ رنگ و بُو ہے

بہاروں میں کھیلی ہے تیری جوانی

صنم خانۂ سندھ خاموش کیوں ہے؟
نہ وہ دلستاں ہیں نہ وہ دلستانی

مری بے خُودی کو بُرا کہنے والے!
چھلکتی ہے ساغر میں کِس کی جوانی

یہ حسرت رہی وہ کبھی آ کے سُنتے
ہماری کہانی، ہماری زُبانی

سرِ بام، او محوِ خوابِ بہاریں
ستاروں پہ چھائی ہے تیری جوانی؟

مرا عِشق بدنام کیوں ہے جہاں میں؟

ہے   مشہور   اختر   جوانی   دِوانی
مطبوعہ   'رومان'   لاہور   اپریل   1936ء
***

اُس مہ جبیں سے آج مُلاقات ہو گئی
بے درد آسمان! یہ کیا بات ہو گئی؟

آوارگانِ عشق کا مسکن نہ پوچھیے
پڑ رہتے ہیں وہیں پہ جہاں رات ہو گئی

ذکرِ شبِ وصال ہو کیا، قِصّہ مختصر
جس بات سے وہ ڈرتے تھے وہ بات ہو گئی

مسجد کو ہم چلے گئے مستی میں بھُول کر
ہم سے خطا یہ پیرِ خرابات ہو گئی!

پچھلے غموں کا ذکر ہی کیا، جب وہ مل گئے
اے آسماں تلافیِ مافات ہو گئی!

زاہد کو زندگی ہی میں کوثر چکھا دیا
رِندوں سے آج یہ بھی کرامات ہو گئی!

بے چین رکھنے والے پریشاں ہوں خود نہ کیوں
آخر کو تیری زُلف مری رات ہو گئی

جھولا جھلائیں چل کے حسینوں کو باغ میں
گُجرات میں سُنا ہے کہ برسات ہو گئی

کیا فائدہ اب اختر اگر پارسا بنے
جب ساری عُمر نذرِ خرابات ہو گئی
***

وہ کہتے ہیں کہ ہم سے پیار کی باتیں نہیں اچھّی
کوئی سمجھائے یہ تکرار کی باتیں نہیں اچھّی

تمہاری ہی طرح اغیار بھی اچھّے سہی لیکن
ہمارے سامنے اغیار کی باتیں نہیں اچھّی

شبِ وصل آپ کا عُذرِ نزاکت کون مانے گا
کہے دیتے ہیں ہم تکرار کی باتیں نہیں اچھّی

عدُو کے ساتھ بہرِ فاتحہ اور میرے مدفن پر

بُہت اچھّا مگر سرکار کی باتیں نہیں اچھی

ہماری زندگی کی کامیابی کی دُعا اور تُم
نہ چھیڑو، طالعِ بیمار کی باتیں نہیں اچھّی

لکھیں تو اپنا حالِ دل اُنہیں کیوں کر لکھیں اختر
وہ لکھتی ہیں کہ خط میں پیار کی باتیں نہیں اچھّی
***

نہ ساز و مطرب، نہ جام و ساقی، نہ وہ بہارِ چمن ہے باقی
نگاہِ شمع سحر کے پردے پہ نقشۂ انجمن ہے باقی

زمانہ گزرا وہ یاسمن بُو، جدا ہوئی ہمکنار ہو کر
مگر ابھی تک ہمارے پہلُو میں نکہتِ یاسمن ہے باقی

بھُلا چکی دل سے شام، غُربت، ہر ایک نقشہ ہر ایک صورت
ہماری آنکھوں میں لیکن اب تک فروغِ صبحِ وطن ہے باقی

زمانہ بدلا، مٹی جوانی، نہ وہ محبت، نہ زندگانی

بس ایک بھولی سی یاد ہے جو برنگِ داغِ کہن ہے باقی

مٹا دیئے بے ستونِ چرخِ کہن نے شیریں لقا ہزاروں
مگر محبت کے لب پر اب بھی ترانہ کوہکن ہے باقی

حباب آسا، محیطِ ہستی میں جو ہے مٹنے کو بن رہا ہے
ہے انقلاب اک نمود ایسی جو زیرِ چرخِ کہن ہے باقی

غمِ زمانہ کی سختیوں سے، ہوئی ہے پامال طبعِ اختر
نہ وہ نشاطِ کہن ہے باقی، نہ وہ مذاقِ سُخن ہے باقی
مطبوعہ 'ادبی دنیا' لاہور اگست 1940ء
***

دلِ حزیں سے خلش کاریِ ستم نہ گئی
ابھی تک اُن کی نگاہوں سے خوئے رم نہ گئی

ملی نہ سعیِ برہمن سے زاہدوں کو مُراد
چراغ دَیر سے تاریکیِ حرم نہ گئی

ہنوز عشق سے اندازِ بیکسی نہ چھُٹا
ہنوز حُسن سے رنگینیِ ستم نہ گئی

بُتوں کو نکلے ہوئے مُدّتیں ہوئیں لیکن

ہنوز فطرتِ بُت سازیِ حرم نہ گئی

حرم میں حضرتِ زاہد نے لاکھ سر مارا
جبیں سے تیرگیِ سجدۂ صنم نہ گئی

وہ میری شوخ نگاری پہ لکھتے ہیں اختر
ابھی تک آپ کی گستاخیِ قلم نہ گئی

مطبوعہ 'خیالستان' لاہور ستمبر 1931ء، 'رومان' لاہور اکتوبر 1937ء

***

نہ بھُولیں گی کبھی اے ہمنشیں، راتیں جوانی کی
وہ راتیں، وہ ملاقاتیں، وہ برساتیں جوانی کی

لبوں پر آہ، دل میں دھڑکنیں، آنکھوں میں اشکِ خُوں
جوانی لے کر آئی ہے یہ سوغاتیں جوانی کی

یہ مُرجھائی ہوئی کلیاں نہیں، بے نُور آنکھیں ہیں
بسی تھیں جن کے خوابوں میں کبھی راتیں جوانی کی

غمِ دُنیا ستم، افسردگیِ دل قیامت ہے
سُنا اے آرزوئے رفتہ پھر باتیں جوانی کی

ہوئی مُدّت پر اب بھی یاد آتی ہیں ہمیں اختر

وہ راتیں عاشقی کی، وہ مناجاتیں جوانی کی
مطبوعہ 'شاہکار' لاہور اپریل 1941ء
***

اشک باری نہ مٹی، سینہ فگاری نہ گئی
لالہ کاری، کسی صورت بھی ہماری نہ گئی

کوچۂ حُسن چھٹا تو ہوئے رُسوائے شراب
اپنی قسمت میں جو لکھّی تھی وہ خواری نہ گئی

اُن کی مستانہ نگاہوں کا نہیں کوئی قصور
ناصحو، زندگی، ہم سے ہی نہ سنواری نہ گئی

چشمِ محزوں پہ نہ لہرائی، وہ زُلفِ شاداب
یہ پری ہم سے بھی شیشے میں اُتاری نہ گئی

مُدّتیں ہو گئیں، بچھڑے ہوئے تم سے، لیکن
آج تک دل سے مرے یاد تمہاری نہ گئی

شاد و خنداں رہے ہم یوں تو جہاں میں لیکن
اپنی فطرت سے مگر درد شعاری نہ گئی

سینکڑوں بار مرے سامنے کی توبہ، مگر
توبہ، اخترؔ کہ تری بادہ گُساری نہ گئی

***

عِشق کہ جس کے دین میں صبر و سکوں حرام ہے
اک نظر کا کام ہے، ایک اثر کا نام ہے

گُلکدۂ مجاز میں جس کا بہشت نام ہے
اُس کی بہار حُسن کی نکہتِ ناتمام ہے

فکر و نظر کی عفّتیں رنگِ ہوس میں غرق ہیں
اب تو جہانِ عشق میں ذوقِ گُناہ عام ہے

پائے طلب کے واسطے کوئی نئی زمیں بنا

وادیِ مہر و ماہ تو لغزشِ نیم گام ہے

شان میں مئے کی زاہد اب اِس کے سوا میں کیا کہوں
میرے لئے حلال ہے، تیرے لئے حرام ہے

عشق میں سوگوار سا، بے خُود و بے قرار سا
تُم کو خبر ہو یا نہ ہو، اختر اُسی کا نام ہے
***

سما کر دل میں نظروں سے نہاں ہے
مُجھے یاد آنے والے تُو کہاں ہے؟

خُدائی کہکشاں کہتی ہے جس کو
وہ عذرا کا خرام رائیگاں ہے!

اندھیرے بادلوں سے پُوچھ زاہد!
مری کھوئی ہُوئی توبہ کہاں ہے؟

یہ کس نے پیار کی نظروں سے دیکھا
کہ میرے دل کی دُنیا پھر جواں ہے

جوانی رائیگاں جائے تو اچھّا

جوانی ایک خوابِ رائیگاں ہے
***

نہ بھُول کر بھی تمنّائے رنگ و بُو کرتے
چمن کے پھُول اگر تیری آرزو کرتے

جنابِ شیخ پہُنچ جاتے، حوضِ کوثر تک
اگر شراب سے مے خانے میں وضو کرتے

مُسرّت، آہ تُو بستی ہے کِن ستاروں میں
زمیں پہ، عُمر ہوئی تیری جُستجو کرتے

ایاغ بادہ میں آ کر وہ خود چھلک پڑتا
گر اُس کے مست ذرا اور ہاؤ ہُو کرتے

اُنھیں مفر نہ تھا اِقرارِ عشق سے لیکن

حیا کو ضد تھی کہ وہ پاسِ آبرو کرتے

پُکار اُٹھتا وہ آ کر دلوں کی دھڑکن میں
ہم اپنے سینے میں گر اُس کی جُستجو کرتے

غمِ زمانہ نے مجبُور کر دیا، ورنہ
یہ آرزو تھی کہ بس تیری آرزو کرتے

گراں تھا ساقیِ دوراں پر ایک ساغر بھی
تو کِس اُمید پہ ہم خواہشِ سبُو کرتے

جُنونِ عشق کی تاثیر تو یہ تھی اختر
کہ ہم نہیں وہ خود اِظہارِ آرزو کرتے

***

کیا کہہ گئی کسی کی نظر کُچھ نہ پُوچھیے
کیا کچھ ہوا ہے دل پہ اثر کچھ نہ پُوچھیے

جھُکتی ہوئی نظر سے وہ اُٹھتا ہوا سا عشق
اُف وہ نظر، وہ عشق مگر کُچھ نہ پُوچھیے

وہ دیکھنا کسی کا کنکھیوں سے بار بار
وہ بار بار اُس کا اثر کُچھ نہ پُوچھیے

رو رو کے کس طرح سے کٹی رات، کیا کہیں
مر مر کے کیسے کی ہے سحَر، کچھ نہ پُوچھیے

اختر دیارِ حُسن میں پُہنچے ہیں مر کے ہم
کیوں کر ہوا ہے طے یہ سفر کچھ نہ پُوچھیے
★★★

ہم دُعائیں کرتے ہیں جن کے لئے
کاش وہ مِل جائیں اِک دن کے لئے

میرے ارمانوں سے کہتی ہے اجل
اِس قدر سامان، دو دِن کے لئے

وہ غیُور اور پاسِ رُسوائی ہمیں
کیا بتائیں مر مٹے کِن کے لئے

موت لینے آ گئی، جانا پڑا
زندگی لائی تھی اِس دن کے لئے

اُن کی صحبت کا تصوّر اور ہم

زندگی دھوکا تھی کُچھ دن کے لئے

اُن کو ارماں ہے ہماری موت کا
مر مٹے اے زندگی جن کے لئے

اُن کو رحم آ ہی گیا آ ہی گئے
حسرتیں مضطر تھیں اس دن کے لئے

اِس زمیں میں لکّھی اختر نے غزل
سندھ کی اِک شوخ کم سِن کے لئے
***

اُن رس بھری آنکھوں میں حیا کھیل رہی ہے
دو زہر کے پیالوں پہ قضا کھیل رہی ہے

ہیں نرگس و گُل کِس لئے مسحُور تماشا
گُلشن میں کوئی شوخ ادا کھیل رہی ہے

اُس بزم میں جائیں تو یہ کہتی ہیں ادائیں
کیوں آئے ہو، کیا سر پہ قضا کھیل رہی ہے

خاموش رہ، خاموش، ذرا شور قیامت
کانوں میں وہ مستانہ صدا کھیل رہی ہے

اُس چشمِ سیاہ مست پہ گیسو ہیں پریشاں
میخانے پہ گھنگھور گھٹا کھیل رہی ہے

بد مستی میں تُم نے اُنھیں کیا کہہ دیا اختر
کیوں شوخ نگاہوں میں حیا کھیل رہی ہے؟

★★★

دیوانہ کر دیا ہے غمِ انتظار نے
اب تک خبر نہ لی مری غفلت شعار نے

بیمارِ شامِ ہجر کے آنسو نکل پڑے
کیا کہہ دیا ستارۂ شب زندہ دار نے

مخمُور خواب، بسترِ گُل سے اُٹھے ہیں وہ
انگڑائی لی ہے باغ میں صبحِ بہار نے

پھُولوں سے ہیں لدی ہوئی سرسبز ڈالیاں
کیا چھاؤنی سی چھائی ہے فصلِ بہار نے

دُنیا کے فِکر، دین کی باتیں، خُدا کی یاد

سب کُچھ بھُلا دیا ترے دو دِن کے پیار نے

توبہ بھُلائے دیتی تھی پیرِ مُغاں کا گھر
اُٹھ کر بتا دیا ہمیں ابرِ بہار نے

اَوروں کی کیا خود اپنی بھی سُدھ بُدھ نہیں رہی
دُنیا سے کھو دیا ہمیں ظالم کے پیار نے

مسحُور کر لئے ہیں بُتانِ حرم کے دل
اختر ہمارے خامۂ رنگیں نگار نے

***

اُٹھ اور شکوے نہ کر جورِ آسمانی کے
ستارہ وار کھِلا پھُول شادمانی کے

خزاں کی طرح نہ کر رنج خانہ ویرانی
بہار بن کے سکھا رنگ گلُفشانی کے

فُغانِ قیس غلط، شورِ کوہکن بے کار
ہیں آج اور ہی انداز خونفشانی کے

چمن میں دیکھتا ہوں جب بھی لالہ و گُل کو
نظر میں پھرتے ہیں نقشے تری جوانی کے

جنابِ خضر جنھیں آج تک سمجھ نہ سکے

وہ راز ہیں ہمیں معلوم زندگانی کے

وہ رات، آہ ترے گیسوؤں کی چھاؤں کی رات
ستارے آج بھی شاہد ہیں اُس کہانی کے

گُلِ فسردہ و شمعِ مزار و نجمِ سحر
یہ نقش ہیں مری اُجڑی ہوئی جوانی کے

کبھی عروج ہوا ہے کبھی زوال نصیب
عجیب رنگ ہیں اختر جہانِ فانی کے

***

شرحِ غمہائے زمانہ سُن لے
اپنی زُلفوں کا فسانہ سُن لے

کِتنی غمگین ہے شرحِ خاموش
قصّہَ بزمِ شبانہ سن لے

چاندنی اور یہ سہانی راتیں
آ کے فُرقت کا فسانہ سُن لے

سوزِ غم، ایک ابدی لذّت ہے
سازِ ہستی کا ترانہ سُن لے

اُس کا وصل اور ہماری قِسمت
کہیں اختر نہ زمانہ سُن لے
***

آشنا ہو کر تغافل آشنا کیوں ہو گئے؟
با وفا تھے تُم، تو آخر بے وفا کیوں ہو گئے؟

اور بھی رہتے ابھی کُچھ دن نظر کے سامنے
دیکھتے ہی دیکھتے، ہم سے خفا [1] کیوں ہو گئے؟

اُن وفاداری کے وعدوں کو الٰہی کیا ہوا؟
وہ وفائیں کرنے والے، بے وفا کیوں ہو گئے؟

کِس طرح دِل سے بھُلا بیٹھے ہماری یاد کو؟
اِس طرح پردیس جا کر بے وفا کیوں ہو گئے؟

تُم تو کہتے تھے کہ ہم تُجھ کو نہ بھُولیں گے کبھی

بھول کر ہم کو تغافل آشنا کیوں ہو گئے؟

ہم تمہارا دردِ دل سُن سُن کے ہنستے تھے کبھی
آج روتے ہیں کہ یُوں درد آشنا کیوں ہو گئے؟

چاند کے ٹکڑے بھی نظروں میں سما سکتے نہ تھے
کیا بتائیں ہم ترے در کے گدا کیوں ہو گئے؟

یہ جوانی، یہ گھٹائیں، یہ ہوائیں، یہ بہار
حضرتِ اختر ابھی سے پارسا کیوں ہو گئے؟
مطبوعہ "ساقی" دہلی جنوری 1939ء
1. ساقی میں 'جدا' ہے
***

عُمرِ فانی کی ذرا قدر نہ جانی ہم نے
خواب کی طرح سے کھوئی ہے جوانی ہم نے

جو کبھی خواب میں بھی آئیں تو کُھلا جائیں
ایسی پریوں میں گُزاری ہے جوانی ہم نے

بھُول کر بھی کبھی آیا نہ گُناہوں کا خیال
ابر کی طرح لُٹائی ہے جوانی ہم نے

رو دیئے دیکھ کر اُس پردہ نشیں کو اختر
اپنی آنکھوں سے کہی دل کی کہانی ہم نے

***

کِس کو دیکھا ہے، یہ ہُوا کیا ہے؟
دِل دھڑکتا ہے ماجرا کیا ہے؟

اِک محبت تھی، مِٹ چُکی یارب!
تیری دُنیا میں اب دھرا کیا ہے؟

دل میں لیتا ہے چُٹکیاں کوئی
ہائے اِس درد کی دوا کیا ہے؟

حوریں نیکوں میں بٹ چُکی ہوں گی
باغِ رضواں میں اب رکھا کیا ہے؟

اُس کے عہدِ شباب میں جینا!
جینے والو، تمہیں ہُوا کیا ہے؟

اب دوا کیسی، ہے دُعا کا وقت
تیرے بیمار میں رہا کیا ہے؟

یاد آتا ہے لکھنؤ اختر
خُلد ہو آئیں تو بُرا کیا ہے؟

***

اَے صبا کون سے گُلزار سے تو آتی ہے؟
تُجھ سے اُس غنچہ دہن کی مُجھے بُو آتی ہے!

پاس، فطرت کو ہے کِتنا مری مہ نوشی کا
جو کلی آتی ہے وہ لے کے سبُو آتی ہے

رنگ و بُو کا پھر اُٹھا صحنِ چمن سے طوفاں
پھر کوئی گُلبدن و غالیہ مُو آتی ہے

چاندنی رات کی تاثیر ہے یا نشّۂ مے
مُجھ کو ہر پھول سے اُس شوخ کی بُو آتی ہے

کُچھ تو کہہ ہم سے کہاں آنکھ لڑی ہے اختر

تیرے شعروں سے ہمیں عشق کی بُو آتی ہے!
مطبوعہ 'رومان' لاہور جولائی 1936ء

***

ادائے پردہ کتنی دِل نشیں معلُوم ہوتی ہے
پسِ پردہ کوئی ناز آفریں معلوم ہوتی ہے

نگاہِ ناز کتنی شرمگیں معلوم ہوتی ہے
کوئی محبوبہ پردہ نشیں معلوم ہوتی ہے

لبِ خاموش میں پنہاں 'نہیں" معلوم ہوتی ہے
نگاہِ اوّلیں ہی واپسیں معلوم ہوتی ہے

یہ کِس کو دیکھ کر دیکھا ہے میں نے بزمِ ہستی کو
کہ جو شے ہے نگاہوں کو حسیں معلوم ہوتی ہے

تُم اپنا آستاں اچھّی طرح پہچان سکتے ہو

ہمیں تو یہ ہماری ہی جبیں معلوم ہوتی ہے

محبت اس طرح معلوم ہو جاتی ہے دُنیا کو
کہ یہ معلوم ہوتا ہے نہیں معلوم ہوتی ہے

سوادِ یاس میں اِک پرتوِ اُمّید کیا کہیے
اندھیرے گھر میں کوئی مہ جبیں معلوم ہوتی ہے

کِسی کا عشق آ پُہنچا ہے رُسوائی کی منزل تک
نگاہِ شوخ، اب کُچھ شرمگیں معلوم ہوتی ہے

نکالے جاتے ہیں اہلِ وفا، اغیار کے بدلے
ترے گھر کی زمیں، خُلدِ بریں معلوم ہوتی ہے

ہزاروں میں سے اِک دل کو بھی خوش پاتے نہیں اختر

خُدائی کس قدر اندوہ گیں معلوم ہوتی ہے

مطبوعہ ''بہارستان'' لاہوراگست1926ء

'نیرنگ خیال' لاہورنومبر1950ء

***

نسیم کُوئے یار آئے نہ آئے
مرے دِل کو قرار آئے نہ آئے

خزاں ہی سے نہ کیوں ہم دِل لگا لیں
خُدا جانے بہار آئے نہ آئے

کیا ہے آنے کا وعدہ تو اُس نے
مرے پروردِگار، آئے نہ آئے

اُٹھا ساغر، پلا دے پھُول ساقی!

کہ پھر ابرِ بہار آئے نہ آئے

مجھے ہے اعتبارِ وعدہ لیکن
تُمہیں خود اعتبار آئے نہ آئے

جب مری قبر پہ وہ پھُول چڑھانے آئے
موت کی نیند کے ماتوں کو جگانے آئے

کوئی اُس وعدہ فراموش سے اتنا کہتا
آپ اب کس لئے رُوٹھوں کو منانے آئے

آ بسے شہرِ خموشاں میں، ملے خاک میں ہم
آپ کیوں خاک کو پھُولوں سے بسانے آئے

شمع کی طرح جلاتے تھے ہمیں فُرقت میں

اب مری قبر پہ کیوں شمع جلانے آئے

ایک دن تھا کہ مُجھے در سے اُٹھا دیتے تھے
اب دُعا کے لیۓ کیوں ہاتھ اُٹھانے آئے

جب میں روتا تھا، مرے رونے پہ ہنس دیتے تھے
اب میری یاد میں کیوں اشک بہانے آئے

تُم تو اِک دِن مرے شکوے بھی نہ سُن سکتے تھے
اب مُجھے کیوں غمِ دل اپنا نے سُنانے آئے

***

دِل میں اب تک ہوَسِ گُل بدناں باقی ہے
مٹ گئی عُمرِ جواں، عشقِ جواں باقی ہے

جب تلک عشق کے ہونٹوں پہ فُغاں باقی ہے
میرے نغموں کا زمانے میں نشاں باقی ہے

خیر زندہ ہے، نہیں خیر کے بانی زندہ
چل بسا پیرِ مُغاں، دیرِ مغاں باقی ہے

ہے نہاں مرگِ شہادت میں حیاتِ ابدی
مٹنے والے تو مٹے، نام و نشاں باقی ہے

یاد کرتے نہیں خود اور ہمیں یاد آتے ہیں
مِٹ گیا لطفِ عیاں، جورِ نہاں باقی ہے

کتنے ہی سال گزر جائیں میں یاد آؤں گا
تیرے در پر میرے سجدوں کا نشاں باقی ہے

سر سے اُلفت کا جُنوں جا نہیں سکتا اختر
جب تلک سینے میں دل، جسم میں جاں باقی ہے
مطبوعہ 'آج کل' دہلی یکم ستمبر 1942ء
***

خیالستانِ ہستی میں اگر غم ہے خوشی بھی ہے
کبھی آنکھوں میں آنسو ہیں کبھی لب پر ہنسی بھی ہے

اِنہی غم کی گھٹاؤں سے خوشی کا چاند نکلے گا
اندھیری رات کے پردوں میں دِن کی روشنی بھی ہے

یونہی تکمیل ہو گی حشر تک تصویرِ ہستی کی
ہر اِک تکمیل آخر میں پیامِ نیستی بھی ہے

یہ وہ ساغر ہے صہبائے خودی سے پُر نہیں ہوتا
ہمارے جامِ ہستی میں سرِ شکِ بے خودی بھی ہے

***

بہار آئی ہے مستانہ گھٹا کُچھ اور کہتی ہے
مگر اُن شوخ نظروں کی حیا کُچھ اور کہتی ہے

رہائی کی خبر کِس نے اُڑا دی صحنِ گُلشن [1] میں
اسیرانِ قفس سے تو صبا کُچھ اور کہتی ہے

بُہت خوش ہے دلِ ناداں، ہوائے کوئے جاناں میں
مگر ہم سے زمانے کی ہوا کُچھ اور کہتی ہے

تو میرے دل کی سُن، آغوش بنکر کہہ رہا ہے کُچھ
تری نیچی نظر تو جانے کیا کُچھ اور کہتی ہے

مری جانب سے کہہ دینا صبا لاہور والوں سے

کہ اِس موسم میں دہلی کی ہوا کُچھ اور کہتی ہے

بہت رنگینیاں ہیں یُوں تو مہندی [2] باغ میں لیکن
فرید آباد کی 'رنگیں حنا' کچھ اور کہتی ہے [3]

بجا ہے پاسِ توبہ کا مگر میں کیا کروں ناصح
نگاہِ ساقیِ رنگیں ادا کچھ اور کہتی ہے

چلو ساغر بکف گُلشن میں رقصِ بادہ نوشی ہو
کہ لہراتی ہوئی اُٹھتی گھٹا کُچھ اور کہتی ہے

کبھی اِقرار کرتے ہیں کبھی اِنکار کرتے ہیں
ادا کُچھ اور کہتی ہے، حیا کُچھ اور کہتی ہے

ہوئی مدّت کہ مے نوشی سے توبہ کر چُکے اختر

مگر دہلی کی مستانہ گھٹا کچھ اور کہتی ہے

مطبوعہ 'نیرنگ خیال' لاہور سالنامہ 1943ء

1۔ نیرنگ خیال میں 'غنچہ وگل میں'

2۔ ریاست ٹونک کا ایک محلہ جہاں اختر کا آبائی مکان تھا (مرتب)

3۔ مقطع سے قبل کا شعر نیرنگ خیال میں نہ تھا (مرتب)

4۔ نیرنگ خیال میں تین اشعار زیادہ تھے :

بجا ہے پاس توبہ کا مگر میں کیا کروں ناصح
نگاہِ ساقیِ رنگیں ادا کچھ اور کہتی ہے
چلو ساغر بکف گُلشن میں رقص بادہ نوشی ہو
کہ لہراتی ہوئی اُٹھتی گھٹا کُچھ اور کہتی ہے
کبھی اِقرار کرتے ہیں کبھی اِنکار کرتے ہیں
ادا کُچھ اور کہتی ہے، حیا کُچھ اور کہتی ہے

***

وُہ کبھی مِل جائیں تو کیا کیجیے؟
رات دِن صورت کو دیکھا کیجیے

چاندنی راتوں میں اِک اِک پھُول کو
بے خُودی کہتی ہے سجدہ کیجیے

جو تمنّا بر نہ آئے عُمر بھر
عُمر بھر اُس کی تمنّا کیجیے

عشق کی رنگینیوں میں ڈوب کر
چاندنی راتوں میں رویا کیجیے

پُوچھ بیٹھے ہیں ہمارا حال وہ

بے خُودی، تُو ہی بتا کیا کیجیے

ہم ہی اُس کے عشق کے قابل نہ تھے
کیوں کسی ظالم کا شکوہ کیجیے

آپ ہی نے درد بخشا ہے ہمیں
آپ ہی اس کا مداوا کیجیے

کہتے ہیں اختر وہ سُن کر میرے شعر
اِس طرح ہم کو نہ رُسوا کیجیے

***

اگر وُہ اپنے حسین چہرے کو بھُول کر بے نقاب کر دے
تو ذرّے کو ماہتاب اور ماہتاب کو آفتاب کر دے

تری محبّت کی وادیوں میں مری جوانی سے دور کیا ہے
جو سادہ پانی کو اِک نشیلی نظر میں رنگیں شراب کر دے

حریم عشرت میں سونے والے، شمیمِ گیسُو کی مستیوں سے
مری جوانی کی سادہ راتوں کو اب تو سرشارِ خواب کر دے

مزے وہ پائے ہیں آرزو میں کہ دل کی یہ آرزو ہے یارب
تمام دُنیا کی آرزوئیں مرے لئے اِنتخاب کر دے

نظر نہ آنے پہ ہے یہ حالت کہ جنگ ہے شیخ و برہمن میں
خبر نہیں کیا سے کیا ہو دُنیا جو خود کو وہ بے نقاب کر دے

مرے گناہوں کی شورشیں اس لئے زیادہ رہی ہیں یارب
کہ ان کی گُستاخیوں سے تو اپنے عفو کو بے حساب کر دے

خدا نہ لائے وہ دن کہ تیری سنہری نیندوں میں فرق آئے
مجھے تو یُوں اپنے ہجر میں عُمر بھر کو بے زارِ خواب کر دے

میں جان و دل سے تصوّر حُسن دوست کی مستیوں کے قرباں
جو اِک نظر میں کسی کے بے کیف آنسوؤں کو شراب کر دے

عُروسِ فطرت کا ایک کھویا ہوا تبسّم ہے جس کو اختر
کہیں وہ چاہے شراب کر دے، کہیں وہ چاہے شراب کر دے
***

اُٹھا طُوفاں ستاروں کی زمیں سے
لڑی ہے آنکھ کس زہرہ جبیں سے

نہ دیکھو اس نگاہِ شرمگیں سے
قیامت اُٹھنے والی ہے یہاں سے

مُبارک ہو تجھے، اے غیرتِ رشک
نہ اُٹھّا بارِ غم اُس نازنیں سے

گھٹا کے ساتھ آنکھیں اُٹھ رہی ہیں

ہماری توبہ ٹوٹے گی یہیں سے

ہمیں رُسوا کیا پردے میں رہ کر
کوئی کہہ دے یہ اُس پردہ نشیں سے

نہ دولت ہے، نہ شوکت ہے، نہ حُرمت
ہم اخترؔ ہیں گدائے رہ نشیں سے

***

نہ چھیڑ زاہدِ ناداں شراب پینے دے
شراب پینے دے خانہ خراب پینے دے

ابھی سے اپنی نصیحت کا زہر دے نہ مجھے
ابھی تو پینے دے اور بے حساب پینے دے

میں جانتا ہوں چھلکتا ہُوا گناہ ہے یہ
تو اِس گناہ کو بے احتساب پینے دے

پھر ایسا وقت کہاں، ہم کہاں، شراب کہاں
طلسمِ دہر ہے نقشِ بر آب پینے دے

مرے دماغ کی دُنیا کا آفتاب ہے یہ

مِلا کے برف میں یہ آفتاب پینے دے

کسی حسینہ کے بوسوں کے قابل اب نہ رہے
تُو اِن لبوں سے ہمیشہ شراب پینے دے

سمجھ کے اُس کو غفور الرّحیم پیتا ہوں
نہ چھیڑ ذکرِ عذاب و ثواب پینے دے

جو رُوح ہو چکی اک بار داغدار مری
تُو اور ہونے دے لیکن شراب پینے دے

شراب خانے میں یہ شور کیوں مچایا ہے
خموش اخترِ خانہ خراب پینے دے

***

عِشق کی مایُوسیوں میں کھو چُکے
اے جوانی جا تجھے، ہم رو چکے!

مقصدِ فصلِ جوانی تھا یہی
عشق میں ساری جوانی کھو چکے

میرا ویرانہ ترستا ہی رہا
پھُول کھِل کر، بے نشاں بھی ہو چکے

داغِ حسرت ہے، ابھی تک گرچہ ہم
آنسوؤں سے دل کا دامن دھو چُکے

جاگ اے دِل، آگیا شہرِ فنا!
منزلِ ہستی میں کافی سو چکے

آج کی شب پھر کوئی یاد آ گیا
آج کی شب بھی ہم اختر سو چکے
***

مُجھے اپنی پستی کی شرم ہے تِری رفعتوں کا خیال ہے
مگر اپنے دل کو میں کیا کروں، اِسے پھر بھی شوقِ وصال ہے

اِس ادا سے کون یہ جلوہ گر سرِ بزمِ حُسنِ خیال ہے
جو نفس ہے مستِ بہار ہے، جو نظر ہے غرقِ جمال ہے

اُنہیں ضد ہے عرضِ وصال سے مجھے شوقِ عرضِ وصال ہے
وہی اب بھی اُن کا جواب ہے، وہی اب بھی میرا سوال ہے

تری یاد میں ہوا جب سے گُم، ترے گُم شُدہ کا یہ حال ہے
کہ نہ دُور ہے نہ قریب ہے، نہ فراق ہے نہ وصال ہے

تری بزم، خلوتِ لا مکاں، ترا آستاں مہ و کہکشاں

مگر اے ستارۂ آرزُو، مجھے آرزوئے وصال ہے

میں وطن میں رہ کے بھی بے وطن کہ نہیں ہے ایک بھی ہم سُخن
ہے کوئی شریکِ غم و محن تو وہ اِک نسیمِ شمال ہے

میں بتاؤں واعظِ خوش نوا، ہے جہان و خُلد میں فرق کیا؟
یہ اگر فریبِ خیال ہے، وہ فریبِ حُسنِ خیال ہے

یہی دادِ قصّۂ غم ملی کہ نظر اُٹھی، نہ زباں ہِلی
فقط اِک تبسّمِ شرمگیں مری بے کسی کا مآل ہے

وہ خوشی نہیں ہے وہ دل نہیں مگر اُن کا سایہ سا ہمنشیں
فقط ایک غمزدہ یاد ہے، فقط اِک فسُردہ خیال ہے

کہیں کِس سے اخترِ بے نوا ہمیں بزمِ دہر سے کیا مِلا

وہی ایک ساغرِ زہرِ غم جو حریفِ نوشِ کمال ہے

مطبوعہ 'ادبی دنیا' لاہور۔ دسمبر 1939ء

***

زمانِ ہجر مٹے، دورِ وصلِ یار آئے
الٰہی اب تو خزاں جائے اور بہار آئے

ستم ظریفیِ فطرت، یہ کیا معمّا ہے
کہ جس کلی کو بھی سُونگھوں میں، بُوئے یار آئے

چمن کی ہر کلی، آمادۂ تبسّم ہے
بہار بن کے مری جانِ نو بہار آئے

ہیں تشنہ کام، ہم اِن بادلوں سے پوچھے کوئی
کہاں بہار کی پریوں کے تخت اُتار آئے

کسی کا شکوہ عبث یہ دُعائیں مانگ اے دل

کہ اب مِلیں تو ہمیں اِس قدر نہ پیار آئے

ترے خیال کی بے تابیاں، معاذ اللہ
کہ ایک بار بھُلائیں تو لاکھ بار آئے

گھٹا وہ اُٹھّی ہے پھر بمبئی کے ساحل سے
کہ مجھ تلک اگر آئے تو مُشکبار آئے

وہ آئیں یوں مرے آغوشِ عشق میں اختر
کہ جیسے آنکھوں میں اِک خوابِ بے قرار آئے
مطبوعہ 'خیالستان' لاہور۔ جنوری 1931ء

***

سُوئے کلکتّہ جو ہم با دلِ دیوانہ چلے
گُنگناتے ہوئے اِک شوخ کا افسانہ چلے

شہرِ سلمیٰ ہے سرِ راہ، گھٹائیں ہمراہ
ساقیا آج تو دورِ مئے و پیمانہ چلے

اِس طرح ریل کے ہمراہ رواں ہے بادَل
ساتھ جیسے کوئی اُڑتا ہُوا میخانہ چلے

شہرِ جاناں میں اُترنے کی تھی ہم پر قدغن
یوں چلے جیسے کوئی شہر سے بیگانہ چلے

گرچہ تنہا تھے مگر اُن کے تصوّر کے نِثار

اپنے ہمراہ لئے ایک پری خانہ چلے

کھیل اُمّید کے دیکھو کہ نہ کی اُن کو خبر
پھر بھی ہم منتظرِ جلوۂ جانانہ چلے

اُن کا پیغام نہ لائے ہوں یہ رنگیں بادل
ورنہ کیوں ساتھ مرے بیخود و مستانہ چلے

گھر سے با عشرتِ شاہانہ ہم آئے تھے مگر
اُن کے کُوچے سے چلے جب تو فقیرانہ چلے

بادلو، خدمتِ سلمیٰ میں یہ کہہ دو جا کر
کہ ترے شہر میں ہم آ کے غریبانہ چلے

حسرت و شوق کے عالم میں چلے یوں اختر

مُسکراتا ہُوا جیسے کوئی دیوانہ چلے
***

مری آنکھوں سے ظاہر خُونفشانی اب بھی ہوتی ہے
نگاہوں سے بیاں دل کی کہانی، اب بھی ہوتی ہے

بہشتوں سے خفا دُنیائے فانی اب بھی ہوتی ہے
جُنوں کو حرصِ عُمر جاودانی، اب بھی ہوتی ہے

سُرور آرا شرابِ ارغوانی اب بھی ہوتی ہے
مرے قدموں میں دُنیا کی جوانی، اب بھی ہوتی ہے

کوئی جھونکا تو لاتی، اے نسیم، اطرافِ کنعاں تک
سوادِ مصر میں عنبر فشانی، اب بھی ہوتی ہے

وہ شب کو مُشکبو پردوں میں چھُپ کر آ ہی جاتے ہیں

مرے خوابوں پر اُن کی مہربانی، اب بھی ہوتی ہے

کہیں سے ہات آ جائے تو ہم کو بھی کوئی لادے
سُنا ہے اِس جہاں میں شادمانی، اب بھی ہوتی ہے

ہلال و بدر کے نقشے سبق دیتے ہیں اِنساں کو
کہ ناکامی بنائے کامرانی، اب بھی ہوتی ہے

کہیں اغیار کے خوابوں میں چھُپ چھُپ کر نہ جاتے ہوں
وہ پہلو میں ہیں لیکن بد گمانی، اب بھی ہوتی ہے

سمجھتا ہے شکستِ توبہ، اشکِ توبہ کو زاہد
مری آنکھوں کی رنگت ارغوانی، اب بھی ہوتی ہے

وہ برساتیں، وہ باتیں، وہ ملاقاتیں کہاں ہمدم

وطن کی رات ہونے کو سُہانی، اب بھی ہوتی ہے

خفا ہیں، پھر بھی آ کر چھیڑ جاتے ہیں تصوّر میں
ہمارے حال پر کچھ مہربانی، اب بھی ہوتی ہے

زباں ہی میں نہ ہو تاثیر تو میں کیا کروں، ناصح!
تری باتوں سے پیدا سر گرانی، اب بھی ہوتی ہے

تمہارے گیسوؤں کی چھاؤں میں اِک رات گزری تھی
ستاروں کی زباں پر یہ کہانی، اب بھی ہوتی ہے

پسِ توبہ بھی پی لیتے ہیں، جامِ غنچہ و گُل سے
بہاروں میں جنوں کی میہمانی، اب بھی ہوتی ہے

کوئی خوش ہو، مری مایوسیاں فریاد کرتی ہیں

الٰہی! کیا جہاں میں شادمانی، اب بھی ہوتی ہے

بُتوں کو کر دیا تھا جس نے مجبورِ سخن اختر
لبوں پر وہ نوائے آسمانی، اب بھی ہوتی ہے
***

جھنڈے گڑے ہیں باغ میں ابر و بہار کے
قُربان جاؤں رحمتِ پروردگار کے

گُلشن میں چند راتیں خوشی کی گزار کے
ابرِ رواں کے ساتھ گئے دن بہار کے

وہ رنگ اب کہاں چمنِ روزگار کے
بُلبُل کے نغمے ہیں نہ ترانے ہزار کے

رُسوائی کے دن آئے کسی مے گُسار کے
آنے لگے سلام چمن سے بہار کے

بے تاب ولولے ہیں ترے انتظار کے
آ اے مری بہار دن آئے بہار کے

ابرِ سیہ میں برقِ حسیں لہلہا اُٹھی
یا آ گئے وہ سامنے گیسو سنوار کے

اے ابر لے سنبھال کہ ہم ہاتھ سے چلے
اے توبہ الوداع دِن آئے بہار کے

باغوں میں جھوم جھوم کے بادل نہیں اُٹھے
گیسو بِکھر رہے ہیں عروسِ بہار کے

آؤ کہ ایسا وقت نہ پاؤ گے پھر کبھی
آتے ہیں روز روز کہاں دن بہار کے

اختر کسی کے گھر سے اِس انداز سے چلے
جیسے گزار آئے ہوں دن سب بہار کے
***

رباعیات

[1]

عید آئی ہے عیش و نوش کا ساماں کر
اِک ساقیِ گلعذار کو مہماں کر
قربانی ہے واجب آج اختر تُو بھی
توبہ کو خُدا کے نام پر قرباں کر

[2]

مے خانہ بدوش ہیں گھٹائیں ساقی!
پیمانہ فروش ہیں فضائیں ساقی

اِک جام پلا کے مست کر دے مجھ کو
غارت گرِ ہوش ہیں ہوائیں ساقی

[3]

رِندوں کو بہشت کی خبر دے ساقی
اِک جام پلا کے مست کر دے ساقی
پیمانۂ عُمر ہے چھلکنے کے قریب
بھر دے ساقی، شراب بھر دے ساقی

[4]

موسم بھی ہے، عُمر بھی، شباب بھی ہے
پہلو میں وہ رشکِ ماہتاب بھی ہے
دُنیا میں اب اور چاہیے کیا مجھ کو

ساقی بھی ہے، ساز بھی، شراب بھی ہے

[5]

جنّت کا سماں دکھا دیا ہے مجھ کو
کونین کا غم بھُلا دیا ہے مُجھ کو
کُچھ ہوش نہیں کہ ہُوں میں کس عالم میں
ساقی نے یہ کیا پلا دیا ہے مجھ کو

1۔ مطبوعہ "نیرنگ خیال" لاہور۔ عید نمبر اپریل 1932ء بعنوان "دو آتشہ عید" اس کے ساتھ عمر خیام کی تقریباً ہم مفہوم رباعی تھی مگر یہ ترجمہ نہیں۔

2۔ ساقی میں "پیمانہ بدوش" ہے۔

3۔ "صبح بہار" ایڈیشن اول ص 19 پر شائع ہوئی بعد میں طیور آوارہ میں شامل کردی گئی

مزید مطبوعہ ساقی دہلی جون 1930ء

4۔ یہ رباعی صبح بہار کے پہلے ایڈیشن کے صفحہ 63 پر پہلی بار شائع ہوئی تھی۔

مطبوعہ "ساقی" دہلی جون 1930ء

5۔ یہ رباعی "صبح بہار" کے پہلے ایڈیشن کے صفحہ 24 پر پہلی بار شائع ہوئی تھی۔

***

گیت

روگ کا راگ

اُنھیں جی سے میں کیسے بھُلاؤں سکھی میرے جی کو جو آ کے لُبھا ہی گئے

میرے من میں وہ پریم بسا ہی گئے، مجھے پریت کا روگ لگا ہی گئے

کیے میں نے ہزار ہزار جتن، کہ بچا رہے پریت کی آگ سے من
میرے من میں اُبھار کے اپنی لگن، وہ لگاؤ کی آگ لگا ہی گئے

بڑے سُکھ سے یہ بیتے تھے چودہ برس، کبھی میں نے پیا تھا نہ پریم کا رس
مری آنکھوں کو شیام دِکھا کے درس، مرے ہردے میں چاہ بسا ہی گئے

کبھی سپنوں کی چھاؤں میں سوئی نہ تھی، کبھی بھُول کے دُکھ سے میں روئی نہ تھی
مجھے پریم کے سپنے دِکھا ہی گئے، مجھے پریت کے دُکھ سے رُلا ہی گئے

رہے رات کی رات سِدھار گئے، مجھے سپنا سمجھ کے بِسار گئے
میں تھی ہار، گلے سے اُتار گئے، میں دیا تھی جسے وہ بجھا ہی گئے

سکھی، کوئلیں ساوَنی گائیں گی پھر، نئی کلیاں بھی چھاوَنی چھائیں گی پھر
مرے چین کی راتیں نہ آئیں گی پھر، جنھیں نین کے نیر مٹا ہی گئے

مرجی میں تھی بات چھُپائے رکھوں، سکھی چاہ کو من میں دبائے رکھوں
اُنھیں دیکھ کے آنسو جو آہی گئے، مری چاہ کا بھید وہ پا ہی گئے

مطبوعہ 'رومان' لاہور اپریل 1936ء

شاعرہ کا نام 'راجکماری بکاوَلی' تھا۔ ظاہر ہے کہ "طُیورِ آوارہ" میں خود اِس نظم کو شامل کر کے اختر نے اِس راز کو فاش کر دیا کہ راجکماری بکاوَلی وہ خود تھے۔ ایسے کئی فرضی ناموں سے وہ نظمیں لکھا کرتے تھے مگر مجموعے میں جگہ دے کر وہ ان نظموں کو قطعیت سے اپنی قرار دے گئے ہیں۔ (مرتّب)

***

پردیسی کی پریت

پردیسی کی پریت ہے جھوٹی
جھوٹی پردیسی کی پریت!

ہارے ہوئے کی جیت ہے جھوٹی
دُنیا کی یہ ریت ہے جھوٹی!
پردیسی کی پریت ہے جھوٹی
جھوٹی پردیسی کی پریت!

پردیسی سے دل کا لگانا
بہتے پانی میں ہے نہانا
کوئی نہیں ندّی کا ٹھکانہ
رمتے جوگی کس کے میت
پردیسی کی پریت ہے جھوٹی
جھوٹی پردیسی کی پریت!

اُڑتی چڑیا گاتی جائے

میٹھا گیت مٹھاس بہائے

یُوں پردیسی من کو بُھائے!

اُڑ گئی چڑیا، اُڑ گیا گیت!

پردیسی کی پریت ہے جھُوٹی

جھُوٹی پردیسی کی پریت!

***

بادل کا سندیسہ

آئے ہیں بادل، چھائے ہیں بادل
کس کا سندیسہ لائے ہیں بادل؟

باغ میں کوئل کُوک اُٹھی پھر
دل میں ہمارے ہُوک اُٹھی پھر
کون نگر سے آئے ہیں بادل؟
کس کا سندیسہ لائے ہیں بادل؟

بِرہہ کو کیوں برباد کیا ہے؟
ہم کو یہ کِس نے یاد کیا ہے؟

یادسی بنکر چھائے ہیں بادل
کس کا سندیسہ لائے ہیں بادل

پی بِن ہے برسات اندھیری
چھا گئی من پر رات اندھیری
ایسے سمے کیوں آئے ہیں بادل
کس کا سندیسہ لائے ہیں بادل؟

***

بِرہن کی جوانی

برہہ میں بیتی جائے جوانی
پریتم ، برہہ میں بیتی جائے

روگ لگا ہے کیسا جی کو
لِکھ دے کوئی پردیسی پی کو
پھُولوں سی کمھلائے جوانی
سجنی پھولوں سی کمھلائے

مایوسی نے من کو ہے گھیرا
آنسوؤں کا آنکھوں میں بسیرا
آنسو بنے بہہ جائے جوانی

سجنی آنسو بنے بہہ جائے

رین اندھیری سیج ہے سُونی
پیتا پڑی ہے آکر دُونی
برہن کو تڑپائے جوانی
سجنی، برہن کو تڑپائے

***

پردیسی سے

بھُول نہ جانا او پردیسی
او پردیسی بھُول نہ جانا!
پھر بھی آنا او پردیسی
او پردیسی پھر بھی آنا!

چلتے رستے پریت لگائی
بَھولے من پر آفت ڈھائی
ہوتی ہے کیا پِیڑ پرائی
یہ بھی نہ جانا او پردیسی!
او پردیسی یہ بھی نہ جانا!
بھُول نہ جانا او پردیسی

او پردیسی بھُول نہ جانا!

میں تو تھی الھڑ بھولی بھالی
گاؤں کی سادہ رہنے والی
من تھا مُورکھ پریم سے خالی
من تھا مُورکھ تُو تھا سیانا
تُو تھا سیانا او پردیسی!
بھُول نہ جانا او پردیسی
او پردیسی بھُول نہ جانا!

شہر میں جاکر دل نہ لگانا!
لوٹ کے پھر اِس گاؤں میں آنا!
گاؤں ہی کا ہے پریم سُہانا!
پریم سُہانا او پردیسی
او پردیسی پریم سُہانا!

بھُول نہ جانا اوپردیسی
اوپردیسی بھُول نہ جانا!
پھر بھی آنا اوپردیسی
اوپردیسی پھر بھی آنا!
***

اِنتظار

اب بھی نہ آئے من کے چَین
بیت چلی ہے آدھی رَین

نا کوئی ساتھن نہ کوئی سجنی نا کوئی میرے پاس سہیلی
برِہہ کی لمبی رات گُذاروں ڈر کے مارے کیسے اکیلی
نِیر بہائیں کب تک نین
اب بھی نہ آئے من کے چَین

نظریں جمی ہیں چوکھٹ پر اور کان لگے ہیں ہر آہٹ پر
آنکھوں سے ننھےّ ننھےّ سے آنسو بہتے ہیں اِک اِک کروٹ پر
کرتی ہوں چُپکے چُپکے بَین
اب بھی نہ آئے من کے چَین!

بیت چلی ہے آدھی رَین!

★★★

جُدائی میں

اب تو آؤ پاس ہمارے!
دل کے سہارے، آنکھ کے تارے

بیت چلیں مہتاب کی راتیں
پیار کے میٹھے خواب کی راتیں
ہجر کے دن بھی کتنے گُذارے
اب تو آؤ پاس ہمارے!

کالے کوسوں، چھاؤنی چھائی
دل سے ہماری یاد بھُلائی
بیٹھے ہو کب سے ہم کو بِسارے

اب تو آؤ پاس ہمارے!

خوش ہے بُلبل پھُول کے غم سے
اور پتنگا شمع کے دم سے
ہائے جییں ہم کس کے سہارے
اب تو آؤ پاس ہمارے!

***

بُلاوا

آؤ سجن گھر آؤ رے اب تو ہم کو سُونی رات ڈرائے
کاری کاری (کالی کالی) بدلی رُلائے، بجلی من میں آگ لگائے
سُونی رات ڈرائے ساجن ۔ ۔ ۔ ہم کو سُونی رات ڈرائے !

کوئل کُوکے مدھ ماتی اور سُن کر دھڑکے میری چھاتی
ایسے سمے ، ہے کون جو میرے بِچھڑے پی کو منا کر لائے
سُونی رات ڈرائے ساجن ۔ ۔ ۔ ہم کو سُونی رات ڈرائے !

پی ہیں میرے ، میں ہوں پی کی ، بات چھُپاؤں کیوں کر جی کی
پی پی کر کے پی کی کہانی ، پاپی پپیہا پھر کیوں گائے ؟

***

ساون کی گھٹائیں

ساون کی گھٹائیں چھا گئی ہیں
برسات کی پریاں آ گئی ہیں
دِل دینے کی رُت آئی ہے
سینوں میں اُمنگ سمائی ہے
ارمانوں نے عید منائی ہے
اُمّیدیں جوانی پا گئی ہیں
کہیں سُنبل و گُل کی بہاریں ہیں
کہیں سرو و سمن کی قطاریں ہیں
کہیں سبزے نے رنگ نکالا ہے
کہیں کلیاں چھاؤنی چھا گئی ہیں
کہیں کوئل شور مچاتی ہے
کہیں بُلبُل نغمے گاتی ہے
کہیں مور ملہار سُناتے ہیں

گھنی بدلیاں دھُوم مچا گئی ہیں

***

ماہیا

(پنجابی کی ایک مقبول صنف سُخن تصرّف کے ساتھ)

کیا روگ لگا بیٹھے
کیا روگ لگا بیٹھے

دِل ہم کو لُٹا بیٹھا، ہم دل کو لٹا بیٹھے
کیا روگ لگا بیٹھے

مِٹ جائے یہ سینے سے
اِس عشق میں جینے سے، ہم ہاتھ اُٹھا بیٹھے
کیا روگ لگا بیٹھے

دم عشق کا بھرتے ہیں

ہم یاد اُنہیں کرتے ہیں، وہ ہم کو بھُلا بیٹھے
کیا روگ لگا بیٹھے

لِکھّا تھا یہ قسمت میں
آخر کو محبّت میں، ہم جان گنوا بیٹھے
کیا روگ لگا بیٹھے!

★★★